AF229145

DE L'ÉTAT

DE LA FRANCE,

SOUS LA DOMINATION

DE

NAPOLÉON BONAPARTE.

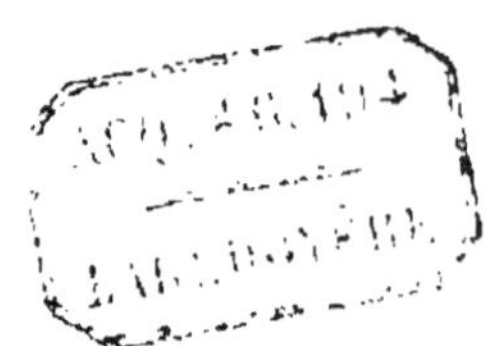

AVIS.

Il se trouve dans cet Ouvrage un grand nombre d'incorrections : elles proviennent de la précipitation avec laquelle il a été imprimé et même composé.

<hr>

CET OUVRAGE SE TROUVE AUSSI AU DÉPÔT DE MA LIBRAIRIE, Palais-Royal, galeries de bois, n°s 265 et 266.

Nota. *Les personnes qui désireront le Catalogue général de ma Librairie, pourront en faire la demande, il leur sera envoyé gratis.*

DE L'ÉTAT
DE LA FRANCE,

SOUS LA DOMINATION

DE

NAPOLÉON BONAPARTE.

C'est moins à ses forces, Athéniens, qu'à votre
indolence et à votre corruption, que Philippe a
dû tous ses succès.

DEMOSTH., Ire Philipp.

PAR L. A. PICHON,

Ancien chargé d'affaires et consul général aux Etats-Unis, et ancien
conseiller d'état et intendant général du trésor en Westphalie.

~~~~~~~~

PARIS,

J. G. DENTU, IMPRIMEUR-LIBRAIRE,
Rue du Pont de Lodi, n° 3, près le Pont-Neuf.
1814.
~~~~~~~~

AVERTISSEMENT.

————

Après avoir été huit ans proscrit par Napoléon Bonaparte et son gouvernement, je profite du retour de la
liberté de la presse, que nous paraissons devoir enfin recouvrer après treize ans d'une oppression de la pensée
qui n'a point eu d'exemple (1), pour faire connaître l'organisation du gouvernement atroce dont le chef a succombé sous l'excès de son despotisme, et dont il faut
espérer que nous ne conserverons pas long-temps les
odieuses institutions. Ce tableau m'a paru de la plus
grande utilité. L'esprit finit par se fausser à l'égard des
choses sur lesquelles toute réflexion lui est interdite, et
nous avons tellement eu l'habitude, pendant douze ans,
d'entendre préconiser l'homme comme *immense*, et
tous ses ouvrages, jusqu'à ses plus manifestes folies,
comme *quelque chose de prodigieux*, que rien n'est
plus nécessaire que de montrer les principaux traits de
cette administration dans leur vérité, et de redresser
chez nous des opinions qui étant nées sous la servitude,
seraient encore propres à la continuer sous les meilleurs princes, si les établissemens qu'elles ont favorisé
n'étaient exposés dans toute leur laideur. L'immortel
historien des premiers Césars, Tacite, nous dit, au sortir d'une servitude de la même durée : « Que les es-

————

(1) L'espoir de l'auteur a bien été déçu, puisqu'il n'a pu faire
imprimer librement son ouvrage.

a*

prits, de son temps, découragés et flétris par le déses-spoir, auraient perdu jusqu'au souvenir, s'il était aussi bien en notre pouvoir d'oublier que de nous taire. »

Nous pouvons dire qu'en France, par suite d'un abat-tement pareil, nous avions renoncé même à réfléchir ; de sorte que les habitudes du gouvernement de Napo-léon nous restent comme une espèce d'instinct dont il est à craindre que nous ne suivions toujours et aveu-glément l'impulsion. C'est cependant en reconnaissant nos fers que nous pourrons mieux, avec le concours des princes qui vont nous être rendus après vingt-cinq ans d'exil, non-seulement nous en affranchir entièrement, mais, ce qui importe plus, empêcher qu'à l'aide des mêmes moyens, il ne puisse nous en être imposé de nou-veaux.

Pour moi le travail de cette exposition a été facile, en ce que depuis long-temps, je n'ai cessé de suivre ce gouvernement à la trace, pour ainsi dire, et de re-cueillir les actes et les traits par lesquels s'est manifesté son caractère. Je puis le dire aujourd'hui avec orgueil, je n'ai pas eu besoin de voir s'écouler les douze années d'esclavage et de calamités qui ont pesé sur l'Europe et sur la France, pour arrêter mon jugement sur le gou-vernement de Bonaparte. Six mois, un an au plus tard après son élévation au consulat, j'avais tiré son horos-cope, et reconnu bien distinctement le but vers lequel il n'a cessé depuis de se diriger.

M. le prince de Bénévent, sous les ordres duquel je travaillais alors dans le ministère des relations exté-rieures, et M. Rœderer, avec qui je me trouvais en re-lation habituelle en qualité de secrétaire de la négocia-tion qui se suivait à Paris en 1800 avec les Américains, et qui se termina par la paix, me rendront tous deux

(iij)

le témoignage que dès le milieu de ce qu'on appelait
l'an 9, et lorsque déjà, pour un homme clairvoyant, la
griffe commençait à pousser au lion, j'eus le courage,
quoique jeune, sans autre appui que mon travail et la
bienveillance de mes chefs, d'annoncer les plus funestes
pressentimens. Les trois années que j'avais eu le bonheur de passer aux États-Unis comme secrétaire de légation, et que j'avais employées à des études obstinées
dont ma situation me faisait un devoir, m'avaient conduit à des idées bien fixes, bien arrêtées sur les gouvernemens. J'avais un souverain mépris pour les folles
visions qui nous promettaient la liberté sous les formes
de la république, et j'étais bien convaincu que sans une
monarchie et une aristocratie héréditaires, une représentation nationale et l'intervention des sujets dans le
gouvernement, deviendraient une source de confusion
et de calamités que devrait bientôt suivre le despotisme,
enfant nécessaire et légitime de l'anarchie. L'organisation des pouvoirs publics dans la constitution de l'an 8,
me parut dirigée vers cette espèce de gouvernement
monstrueux qui dut être celui de Rome au début de
l'empire d'Auguste, et si j'avais eu besoin d'être porté
à cette pensée par autre chose que par la réflexion sur
les institutions même ; ce que je voyais se passer sous
mes yeux m'aurait bientôt retiré de toute incertitude.
On se croyait bien obligé à faire quelque démonstration,
à laisser paraître quelques déclamations en faveur de la
liberté publique ; mais les discours de salon et les con-
fidences qui se faisaient entre les puissances du jour,
étaient à l'oppression la plus caractérisée, la plus réflé-
chie, et les actes, à l'arbitraire le moins réservé. Je n'hé-
sitai point à témoigner mon profond mépris pour cette
mystification et pour le despotisme soi-disant républi-

cain, et à manifester hautement que la France ne pouvait trouver de repos et de sécurité que dans une monarchie tempérée à la manière de celle de nos voisins, que tous nos constituans, tous nos politiques de l'an 8 avaient en horreur et en mépris.

Indépendamment de cette façon de voir sur la marche de nos affaires intérieures, il y avait long-temps que dans le ministère où j'ai travaillé cinq ans jusqu'à la fin de 1800, avec quelques interruptions occasionnées par des missions temporaires dont je fus chargé par divers ministres, je protestais, autant que ma position subalterne me le permit, contre cette théorie d'influence et de conquêtes sans bornes comme sans fin, contre ce système de restauration de nos finances par les contributions de l'Europe, comme Robespierre avait prétendu combler nos déficits par la guillotine, qui faisaient le fonds de notre politique extérieure. J'avais signalé et combattu seul avec courage dès l'an 1797, les germes de la funeste manie d'anti-neutralité qui, depuis, s'est développée sous le nom de système continental ; opinion qui repose sur ce raisonnement, que l'Angleterre ne pouvait être vaincue que par la destruction de son commerce, et que pour détruire ce commerce il fallait le lui interdire avec tout l'univers ; ce qui équivalait à dire qu'on réduirait l'Angleterre à de fâcheuses extrêmités quand tout le monde serait conquis ; conclusion qui n'est assurément pas douteuse.

Ces opinions plus décidées peut-être qu'il n'appartenait à mon rang et à ma fortune de les avoir, pensèrent me devenir funestes. Elles furent rapportées au premier consul par des personnes qui doivent aujourd'hui rougir de l'emportement, factice ou vrai, avec lequel elles défendaient alors un système chargé d'un aussi funeste avenir, et je fus sur le point de perdre la mission qui m'avait été conférée comme chargé d'affaires et consul général aux Etats-Unis, en récompense des services que j'avais rendus dans la négociation; services bien réels et que M. le prince de Bénévent voulut bien alors apprécier. Lorsque pendant les cinq années qu'a duré cette mission, par la rupture de la paix d'Amiens, cette première source de la guerre qui vient de finir, et par la marche funeste de l'expédition de Saint-Domingue, où toutes les fautes et tous les crimes ont été accumulés, je me trouvai dans la nécessité d'annoncer, dans ma correspondance, des sentimens plus décidés encore d'opposition à ce système affreux, dont je voyais le développement progressif préparer autour de moi la guerre et tous les genres de désordres et de calamités; lorsque ces correspondances, par leur sincérité, m'attirèrent un procès, une destitution publique, une persécution (1) qui ne tendaient à rien moins qu'à frapper ma personne si l'on m'eût dé-

____

(1) Les véritables causes de ma persécution, dont M. Decrès s'est rendu l'instrument, et dont heureusement pour moi, et par une haine spéciale, les actes ont été mis au Moniteur, ont été d'abord, la désapprobation ouverte de la rupture de la paix d'Amiens, que j'exprimai devant M. Jérôme Bonaparte, que j'avais reçu chez moi à Washington dans l'été de 1803, et qui avait mis la conversation à table sur un pied de confidence et de liberté qui m'avait permis de discuter ce grand évènement. M. Jérôme Bonaparte dirigé sans doute par ceux qui l'accompagnaient, me dénonça en sortant de chez moi. Depuis il en a témoigné un vif regret, et il a pu juger de la vérité de mes pressentimens. Je donne plus bas la lettre que M. Jérôme Bonaparte m'a écrite pour m'informer, six mois après, et sur les reproches que je lui en fis lorsque l'avis m'en parvint de

couvert quelques torts, et qui m'ont fait perdre le fruit de quatorze ans d'honorables travaux : à cette époque je pus m'apercevoir que c'était un grand tort que de voir autrement ou plus loin que ne veulent voir nos supérieurs et ceux dont nous attendons de l'avancement ou de la protection. On me prit en pitié, presqu'en mépris ; on dit de moi « que je n'avais que le tort d'être trop anglais, et qu'il fallait me retremper en France ; » j'y fus rappelé, poursuivi, privé même des traitemens qui m'étaient dus, et dont je n'ai point encore pu obtenir le rappel ; et si le malheur eût été capable de faire sur moi ce que la faveur et les traitemens n'avaient pu opérer, assurément j'en ai assez éprouvé pour venir à résipiscence ; mais grâce à Dieu, je me suis bien gardé du remède. Il me suffit de voir, dans son âge adulte et dans toute sa force, le monstre de gouvernement dont j'avais suivi l'enfance, pour me confirmer dans mes opinions ; et jamais, malgré le besoin que j'avais de reprendre une fonction publique, je n'ai pu, dans aucune occasion où j'ai été consulté ou interrogé, dissimuler

---

France, des dénonciations qu'il avait portées contre moi.

Mais ce qui a le plus influé sur mon sort, a été la délation d'un autre personnage qui, à la honte de la France, a été dans l'intimité de nos grands, et a fini par siéger à l'Institut. C'est M. Esmenard, que j'avais connu émigré, caché sous un faux nom à Paris, et ensuite chez les ministres du temps, où il était recherché pour son incontestable talent en poésie. Je crus pouvoir à Washington, où je le reçus à la même époque, lui témoigner ma profonde horreur pour la conspiration ourdie par Méhée, et pour l'assassinat du duc d'Enghien et le procès de Moreau. M. Esmenard, qui depuis devint le chef du bureau de l'esprit public à la police, déposa contre moi dans le ministère une dénonciation en bonne forme.

ma réprobation de la théorie comme de la pratique du gouvernement impérial.

Dans l'exercice des fonctions que j'ai remplies auprès du roi de Westphalie, fonctions que ce prince me conféra en 1809, comme une réparation bien tardive et bien incomplète de la part qu'il avait eue à ma destitution; dans ces fonctions, je n'ai point varié dans mes sentimens, et le roi de Westphalie n'oubliera point combien de fois je lui ai prophétisé le dénouement dont je signalais depuis long-temps les approches (1) : présages bien superflus dans une jeune cour, où le plaisir était la première affaire, et où la faveur étant en raison des facilités de jouir que l'on pouvait procurer : presque tout le monde la recherchait par tous les genres de sacrifices et même aux dépens de la justice, de l'honneur, de l'intérêt du prince et de la vérité.

Depuis le milieu de 1812 que je suis rentré en France, après avoir quitté un service où je ne pouvais plus rester sans paraître autoriser des désordres contre lesquels je m'étais vainement et long-temps élevé, ma façon de voir est demeurée la même; je n'ai cessé d'appeler en France une organisation qui détruisît le sultanisme auquel elle était livrée, et je ne doutai jamais, je le dis souvent en confidence à des personnes qui m'en surent alors mauvais gré, que la nécessité qui poussait Bonaparte à sa ruine, nécessité qui se trouvait, avant tout, dans la forme même de son gouvernement, ne dût promp-

---

(1) M. Jérôme Bonaparte éprouve un sort commun avec Napoléon; c'est de trouver des accusateurs, français et allemands, sur-tout parmi ceux qui ont le plus contribué à déshonorer son gouvernement, et qui l'auraient mené à sa ruine, si le royaume de Westphalie eût pu avoir de la spontanéité.

tement nous rendre à l'auguste famille de qui nous attendons aujourd'hui un remède à tous nos maux. Je ne doute point que ce ne soit à la notoriété et à la fermeté de ces opinions que j'aie dû la scène que Napoléon me fit publiquement en février 1812, à son audience; scène où, sans manquer au respect dû à son rang, je sus cependant défendre ma dignité et répondre aux déraisons dont la haine du ministre implacable qui me poursuivait avait armé les préventions de Bonaparte contre moi.

Telles ont été, sur le gouvernement de Napoléon, mes opinions pendant douze ans; ainsi je n'ai point à craindre, comme peuvent le faire aujourd'hui tant de personnes, d'encourir le reproche de contradiction, en lançant sur lui l'anathême. Mais, si je suis à cet égard pleinement rassuré, je le suis bien moins sur deux autres points, qui, dans des temps comme les nôtres où la conscience semble entièrement exclue des opinions, sont d'une importance autrement sérieuse. J'ai d'abord à redouter l'effet du mépris dans lequel notre littérature politique est tombée. Elle a été, depuis quelques années, si évidemment mercénaire, et par suite, elle est devenue si décriée, qu'un homme ayant occupé un rang dans l'administration, croit presque aujourd'hui déroger à ses yeux et à ceux du monde, en se produisant par des écrits. D'un autre côté, je dois craindre l'écueil sur lequel on risque de se jeter, en écrivant sur ces matières; celui de déplaire aux personnes puissantes qui professent des opinions opposées, et qui veulent que tout ce qui se peut dire de grave et de sérieux sur les questions d'intérêt public, puisse tout au plus arriver jusqu'au salon pour s'y perdre dans les autres conversations plus ou moins frivoles du moment. Ce sont là deux causes puissantes de notre pauvreté en écrits politiques. Il en résulte un grand mal ; c'est que nos hommes d'affaires, et parmi eux, les plus intéressés par leur rang à éclairer la nation et le gouvernement : les plus capables, les seuls capables de le faire, au lieu d'être prêts à s'emparer, dans une circonstance importante, des questions qu'elle présente à discuter, comme le font les hommes les plus considérables et les plus éclairés d'une nation voisine, se jettent habituellement dans ces compositions ou dans ces recherches de goût et de curiosité qui les transforment en vrais *dilettantis*, occupés de ce qu'il y a de plus grave dans les frivolités de la belle littérature et des beaux arts. C'est à cette funeste impulsion, dont il faut sans doute, chercher la cause dans les vices de notre gouvernement, que nous devons la décadence manifeste qui se fait remarquer dans nos compositions sérieuses ; est ce funeste esprit qui chez nous joue le rôle de la fable chez les orientaux, en ce que les vérités les plus utiles, les discussions les plus importantes sont réduites à s'envelopper sous ses traits équivoques et à se déguiser sous ses piquantes allusions (1). L'examen

---

(1) Pourquoi l'esprit le plus profond, le plus solide, sans contredit, que la France ait produit dans le dernier siècle, s'est-il exposé à ce qu'on pût dire, avec une sorte de justice, de son immortel ouvrage : « Que c'était de l'esprit sur les lois »? L'écrivain qui, dans sa jeunesse, avait été forcé d'envelopper tant de profondes observations sous le voile piquant des Lettres Persannes, avait senti que l'esprit des lois ne pouvait passer qu'à la faveur du même déguisement. Il y a bien moins de ce *trait* dans les Considérations, quoiqu'il y en ait encore. Pourquoi? C'est que nous aurions rougi de nous croire solidaires de tous les vices, de tous les crimes des empereurs romains. Cela

sincère et franc d'une matière, n'est permis qu'à cette basse littérature, ou à cette littérature salariée qui dégoûtent également par la niaiserie ou la vénalité qui se montrent dans toutes leurs productions ; et c'est ainsi que se perpétue parmi nous une ignorance ou un dégoût des affaires publiques qui mènent au plus tristes résultats.

Quant au mépris que je pouvais craindre d'encourir, en paraissant sur le théâtre littéraire, je me suis senti rassuré par la sincérité, par l'indépendance, qui ne peuvent manquer de frapper dans cet ouvrage, et aussi par l'intérêt que doivent exciter les questions que j'ai pris occasion d'y produire, d'y traiter même quelquefois, autant que la nature d'un tableau le permet. Mais je n'ai point éprouvé la même sécurité, quant à l'autre danger, celui de heurter de puissantes opinions. J'ai dû, au contraire, craindre de paraître aller contre celles qui, depuis le 31 mars, s'annoncent avec le cachet officiel, et qui veulent, qu'à propos du gouvernement de Bonaparte, il ne soit plus question que de sa personne. On met cette opinion sous l'égide d'une sanction bien puissante ; sous celle de la déclaration du roi qui a promis, du fond de sa retraite, de tout pardonner et de tout oublier. Mais ce n'est assurément point aller contre cette noble et sage promesse, que de faire connaître le caractère du gouvernement de Bonaparte, et celui des agens ou des administrations connus pour y avoir exercé la plus grande

---

ne pouvait arriver que sous une tyrannie, qui formée à-peu-près de la même manière, et amenée par les mêmes moyens que celle de ces empereurs, s'était constituée dans une sorte de solidarité avec tous les tyrans passés, présens et futurs.

influence. Vouloir que ce gouvernement continuât d'être protégé par le profond mystère, et par les ténèbres dont il n'a cessé de s'environner, ce serait en faire craindre la continuation ; et prétendre qu'une espèce d'amnistie, qui ne doit être entendue que de la poursuite et de la peine , quant aux hommes que la France accuse d'avoir été les auteurs de son oppression et de ses maux, leur assurât encore l'intégrité de leur considération et de leur influence politique, ce serait, pour ainsi dire, annoncer qu'ils vont conserver ou reprendre un ascendant dont les vœux de la nation entière demandent la fin ; et, qu'on y prenne garde, ces vœux se font entendre par un cri pour le moins aussi fort que l'a été celui d'*à bas le tyran*. Je m'explique , au reste , et je déclare que j'entends encore moins parler ici du sénat et des sénateurs, sur lesquels je ne prends aucun parti, que des personnes qui ont eu un grand pouvoir dans les différentes branches du gouvernement ; car, après tout, les sénateurs n'ont été que lâches ; ils n'ont eu dans tout ce qui s'est fait depuis douze ans, d'autre participation que celle du silence et d'un rôle servile. Mais les hommes dont je parle, ont été vraiment criminels , en ce qu'ils ont eu l'initiative, le conseil et l'application des plus pernicieux principes , et des systèmes les plus monstrueux du gouvernement.

Serait-il donc vrai, comme l'a dit le corps municipal de Paris, « que tous nos maux n'eussent tenu » qu'à un seul homme »? Avions-nous donc, sous Napoléon, le meilleur gouvernement du monde , et suffit-il de son éloignement pour que nous vivions sous l'empire des meilleures lois? Mais qu'on ouvre donc les vingt-six volumes des lois, décrets et sénatus-consultes qu'a fournis son règne ; qu'on interroge les cartons et les porte-feuilles des ministères, et l'on verra si cette proposition n'est pas encore un reste de ce style vague et déclamatoire, dont il faut enfin proscrire l'emploi dans nos affaires , si nous ne voulons rester dans l'horrible état , d'où nous desirons si ardemment sortir. Si ce langage se soutient , tout est perdu. Sortons enfin de cette région éthérée , dans laquelle nous vivons depuis quinze ans , et dont l'air porte le vertige dans toutes les têtes , faute de cette solidité, sans laquelle il est impropre aux fonctions de la vie. Tâchons de revenir à l'usage de la réflexion , de la sincérité, et de nous montrer enfin dans les affaires publiques, avec cette conscience et ce bon sens que nous rougirions de ne pas porter dans nos affaires de famille. Quoi, Bonaparte est le seul auteur des calamités dont la complication et le poids , si aussi bien la famille des Bourbons eût succombé , comme il l'a long-temps espéré , sous son fer assassin ou sous le poison , nous jetaient dans une suite de guerres civiles et de convulsions intestines, auxquelles tous les bons esprits auraient desiré que la conquête et le partage vinssent mettre fin ? Ceux qui, pendant douze ans, ont notoirement prêché les principes, suggéré les moyens, inspiré les prétextes, préparé et proposé les lois , défendu, préconisé les mesures, proscrit les oppositions , jeté à pleines mains le ridicule, appelé les persécutions sur quiconque montrait de loin les orages ; quoi , ceux-là ne sont pas coupables? Ils ne sont pas des complices ? Il faut donc que nous soyons réduits, comme le croient au reste beaucoup de gens qui nous amusent cependant de grandes espérances de liberté, à l'état d'une plèbe romaine, à laquelle il ne faut plus que des spectacles et du pain , et

qu'on amuse par de vaines paroles , si nous pouvons ajouter foi à ce langage. Qu'on interroge Bonaparte ; s'il est sincère , il répondra bien différemment à cette question. Et dans le fait , pourquoi, à l'exemple des grands coupables , dont il importe de suivre les complices et la trace , n'a-t-il pas subi au moins volontairement cet interrogatoire ? Pourquoi , par la continuation de la manufacture officielle des journaux , avons-nous été privés des manifestes , des déclarations qu'il a dû faire en terminant le pacte personnel avec lequel il a si scandaleusement quitté le théâtre ? Combien de gens n'ont pas tremblé qu'il ne parlât, et tremblant qu'il n'écrive , ne sont rassurés que par la réputation de mensonge qu'il a si bien méritée ? Combien n'ont pas craint que , de Fontainebleau , il ne perçât des confessions que toute la France aurait entendues avec une juste horreur, en apprenant toute la masse de corruption qu'elle a pu produire , et sur laquelle, comme sur le fumier d'une serre chaude , ont si bien prospéré la tyrannie et le tyran ? Si Bonaparte voulait répondre avec sincérité à cette question, il nous dirait : « Lors-
« qu'après avoir été produit sur le théâtre politique par
« vos factions et par la plus désespérée et la plus vénale,
« celle de Barras , je me trouvai , le 18 brumaire , porté
« au gouvernement ; avec un mépris pour l'humanité ,
« qui suit toujours l'aveugle emploi de la force ; avec
« une ambition sans bornes pour l'éclat et le bruit , je
« désirais cependant être mis sur la voie de la manière
« la plus solide d'acquérir de la renommée ; j'étais *table*
« *rase* en matière de gouvernement : j'appelai autour de
« moi les hommes de toutes les opinions qui m'étaient
« annoncés comme l'élite de la nation dans toutes les
« parties. C'était à eux qu'il appartenait de me guider.

« Voyez parmi mes accusateurs les plus violens, parmi
« ceux pour qui la langue n'a plus d'expressions assez
« fortes pour m'injurier, ceux qui pendant dix ans ont
« eu ma confiance; ceux qui m'ont obsédé des plus ex-
« travagantes, des plus monstrueuses conceptions, des
« plus insensés projets; ceux enfin qui m'ont nourri des
« doctrines dont tous les actes de mon gouvernement
« sont l'émanation. On m'a dit, pendant dix ans, que
« les peuples ne pouvaient être heureux que sous la ser-
« vitude. Vos politiques m'ont dit que l'Europe était
« mûre pour tous les genres d'oppressions et de boule-
« versemens, et qu'en faisant habituellement jouer le
« ressort de la crainte de l'esprit révolutionnaire, en me
« présentant aux cabinets comme destiné à l'étouffer,
« tout le monde prendrait le change, et me laisserait
« maître de tout envahir. Sous le prétexte de l'opposi-
« tion et de la haine pour la révolution, les royalistes et
« les révolutionnaires m'ont porté à des révolutions per-
« pétuelles, m'ont poussé à détruire ce que les monar-
« chies les plus concentrées de l'Europe avaient épar-
« gné. Les deux partis étaient entraînés par une fureur
« de despotisme que rien ne pouvait assouvir. Vos cons-
« tituans m'ont dit que la France ne supporterait pas
« les délibérations, ni une intervention effective dans
« ses affaires. Vos jurisconsultes ont fait les codes et les
« lois civiles et criminelles qu'ils ont voulu, je n'ai fait
« que les signer. Vos financiers ont tourné sans cesse en
« ridicule auprès de moi le commerce et le crédit. Vos
« littérateurs, vos savans, mes courtisans de tous les
« partis, ont mis à contribution tout ce que les panégy-
« riques de tous les âges ont de plus assaisonné en adu-
« lation pour m'exalter, et m'ont appris plus de ma-
« chiavélisme, que toutes les cours d'Italie, depuis trois

« cents ans, n'en ont fait écrire. Tous se sont disputés
« ma faveur, en enchérissant les uns sur les autres.
« La progression de leurs honneurs et de leur fortune a
« suivi celle de mes fautes ou de mes crimes : et vous
« dites que je n'ai point eu de complices ! »

Voilà ce que dirait Bonaparte, et ce qu'il dirait
avec raison. Et dans le fait, avons-nous jamais vu,
nous tous qui avons approché les autorités, les in-
fluences de tous les genres qui sont nées de ce gouvernement, une autorité considérable donner un désa-
veu franc, sincère, d'une des folles ou monstrueuses
opérations de Bonaparte, soit intérieures, soit exté-
rieures ? Pour moi, je le dis, comme le plus évident
signe de corruption qui m'ait frappé dans nos esprits ;
je n'ai jamais vu, lorsqu'il se manifestait dans les évènemens des obstacles aux idées et aux mesures les plus
scandaleuses, ou les plus folles, ou les plus injustes
de ce gouvernement, qu'exprimer le regret du non
succès, accuser les moyens et la maladresse par lesquels on avait échoué. « C'est une maladresse, ai-je
« constamment entendu dire. » « C'est plus qu'un crime,
« c'est une faute, » a dit un des plus dévoués satellites
de cette tyrannie, lors de l'assassinat du duc d'Enghien. Ainsi, et à un petit nombre d'exceptions près
qui comprennent des personnes qui, dans la vie privée
ou hors des places dont elles avaient été promptement
dépouillées, ou dans les places où elles végétaient dans une
obscurité nécessaire, gémissaient en silence, et voyaient
tous les malheurs dont nous étions menacés ; la censure
des systèmes du gouvernement ne se présentait jamais
que sous la forme la plus propre à l'y faire persister.

Voudrais-je donc appeler des poursuites personnelles
contre ceux à qui pourraient s'appliquer ces accusa-

tions ? A dieu ne plaise que ce soit là ma pensée. Mais en protestant de tout mon désir de concourir aux vues d'oubli et de concorde solennellement annoncées par le Roi, je proteste de même et de toutes mes forces, contre la confiance à laquelle pourraient prétendre ceux que nous avons vu se signaler parmi les conseils de Bonaparte. Quelle estime la nation peut-elle désormais accorder aux auteurs et fauteurs de tout ce qu'elle a souffert ? Quelle confiance elle et son roi peuvent-ils mettre dans ceux qui proscrivent aujourd'hui ce qu'ils ont si long-temps admiré ; qui protestent contre des lois qu'ils ont inspirées, contre des institutions qu'ils ont préconisées, et auxquelles ils ont, sous peine de disgrâce, d'éloignement, de persécution même, interdit toute observation ? S'ils confessent qu'ils ont été dans l'erreur pendant douze ans, qui nous garantit qu'ils se tromperont moins à l'avenir ? S'ils ont manqué de sincérité envers Bonaparte, si, conformément à certains axiomes de profonde sagesse que j'ai entendu vanter, et qui m'ont fait horreur, ils ont cru devoir laisser faire le mal, y coopérer même, pour arriver au bien, qui nous répond qu'ils seront plus sincères envers les Bourbons, et que de nouveaux cas échéant, ils ne produiront pas, en atténuation des nouveaux malheurs qu'ils auront occasionnés, les mêmes excuses d'intérêt ou de faiblesse qu'ils produisent aujourd'hui pour justifier leur complicité passée ?

Qu'on n'oublie pas que la confiance entre le prince et la nation, entre la nation et le gouvernement, est pour le moins, aussi nécessaire que la concorde entre les opprimés et leurs oppresseurs. Il est impossible à la longue, et nous en avons fait une cruelle expérience, que l'on respecte ce qui s'est, jusqu'à un certain point, avili. Cet avilissement sert à justifier les plus flagrantes aggressions contre ce qu'on n'eût point attaqué s'il eût été environné de l'estime et de la considération publiques. Il devient la source de la profonde indifférence avec laquelle la nation voit ces entreprises, indifférence qui finit par être considérée comme une espèce de sanction. Le décri dans lequel étaient tombés la plupart des instrumens de Napoléon au début de son gouvernement, a autorisé de sa part, plus d'attaques contre nos libertés, qu'il n'en eût osé faire si l'on eût moins accordé alors aux moyens que l'on fait encore valoir aujourd'hui, et qui ne sont que des argumens pour perpétuer en France une oligarchie de crimes et de prostitutions de tout genre qui a conduit la France au dernier degré de malheur. Depuis le moment où la convention s'est prorogée contre le cri et le soulèvement de la nation, j'ai toujours entendu, sous le prétexte de concorde, demander la continuation de la puissance, des honneurs et des traitemens pour ses oppresseurs; et l'on a vu quel usage ils ont fait et pu faire de l'autorité dont ils se sont montrés si tenaces. Ils n'ont pu la revendiquer; ils n'ont pu en appeler à leur devoir, sans s'attirer des récriminations qui n'ont guères été moins efficaces pour les réduire au silence, que ne l'a été leur propre servilité.

Je donnerai, au reste, une grande preuve de l'éloignement où je suis de tout esprit de persécution. Qu'on laisse aux plus notoires fauteurs et aux plus actifs ouvriers du gouvernement impérial, tout leur crédit; je ne m'y oppose point; à la condition que ces lumières ne resteront plus sous le boisseau, mais qu'elles se produiront en public; à la condition que ceux d'entre les instrumens du gouvernement impérial qui deviendront ministres, n'achemineront plus à la sanction du roi les conseils d'une influence générale qu'ils seront dans le cas de donner, qu'à travers la filière d'une discussion publique et contradictoire. Avec cette condition, je tiens les plus mauvais, les plus vicieux pour innocens, et l'opinion les forcerait bientôt d'ailleurs, au parti de la retraite. Mais pour que cette opinion puisse enfin se manifester, il faut qu'elle ait la liberté de se faire entendre, et que celle de discuter les actes du gouvernement lui soit rendue. Il faut que les ministres cessent de gouverner comme des hiérophantes qui ne s'expliquent que par des oracles, et des oracles qui terrassent quiconque osé en révoquer en doute la divinité.

C'est ici que je trouve les argumens qui, à la suite de toutes les journées, ont envoyé la liberté de la presse dormir dans les cartons immédiatement après avoir été proclamée. Ils reviennent tous à celui-ci, que la nation française ne la saurait tolérer. En ce cas là, *qu'on nous remène aux carrières*; qu'on ne nous fatigue plus avec ces comédies de constitutions. Il n'y a aucune liberté politique possible sans la libre discussion des actes du gouvernement. Pour moi, je dirai ma pensée toute entière : ce n'est pas la France qui est incapable de souffrir la liberté de la presse, et il faut que la nation sache enfin à quoi s'en tenir à cet égard, afin qu'elle tire ses conclusions sur tout le reste : ce sont ceux qui n'ont pu la supporter ni après le 13 vendémiaire, ni après le 18 fructidor, ni après le 18 brumaire. Ce sont ceux qui ont la conscience d'une participation non interrompue à tous les actes dont la succession, depuis vingt ans, a produit les catastrophes que nous venons de voir. Pour eux, je conçois que le souvenir soit intolérable, et qu'ils veuillent empêcher que la France ne puisse, au besoin, se rappeler de tout ce qu'ils ont dit ou fait; qu'elle ne puisse deviner l'avenir par le passé, et se tenir en garde contre les protestations par la conduite antérieure. C'est pour eux seuls que dure cette lutte entre l'opinion qui demande la liberté de la presse à grands cris, et la soi-disant politique qui la refuse, et qui veut maintenir cet arc-boutant de la tyrannie de Bonaparte dans toute son intégrité.

Réfléchissons-y, c'est par l'esclavage seul de la presse qu'a pu s'établir le monstre de gouvernement que présidait Bonaparte; avec sa continuation, le gouvernement continue le même, aussi nécessairement que la cause entraîne l'effet. L'esclavage de la presse suppose qu'il n'y a aucune délibération publique dans les corps représentatifs, aucune communication avec les états voisins, aucun accès à leurs livres ou leurs journaux, aucune conversation libre dans les maisons privées. Il suppose la continuation des prisons d'état et de l'espionnage. Toutes les parties du systême impérial sont liées réciproquement; elles se soutiennent et se produisent l'une l'autre. Depuis que nous sommes entrés dans des idées de contrepoids à la manière de nos voisins, nous n'avons pu proscrire la liberté de la presse sans introduire un despotisme affreux; et qu'on me dise quand cette liberté a existé depuis vingt ans ? Marat, le directoire et le gouvernement de Napoléon l'ont également proscrite. L'auguste famille des Bourbons ne peut gouverner avec les institutions monstrueuses de Bonaparte; l'échaffaudage qui a élevé, qui a soutenu un soldat sur le trône, ne saurait servir à y maintenir des rois. C'est par l'opinion qu'ils doivent être avertis des effets de leur gouvernement; comment le seront-ils, s'ils n'entendent que l'avis mercenaire des journaux de la capitale, dressés, composés de toutes pièces par un ministre de la police, soufflé lui-même par une cotterie ou par une faction? Si cette garantie dernière des contre-poids promis nous manque, il ne faut plus parler des contre-poids eux-mêmes; et comme ni la nation, ni le roi, ni l'Europe même, j'ose le dire, ne peuvent supporter en France un gouvernement qui soit maître d'user et d'abuser, il faut promptement rechercher d'autres garanties, fût-ce les anciennes; mais il en faut absolument trouver.

Je m'attends bien que ces opinions passeront pour le comble de l'imprudence et de la témérité. Grand Dieu! que pensera l'Europe, quand elle saura qu'au sortir d'une tyrannie sans pareille, on a pu craindre d'en révéler toute l'horreur! et que celui qui a osé l'entreprendre, a risqué de se compromettre? Quoi; chez une nation réduite à l'excès de malheur et d'humiliation où nous sommes tombés, ce sera une imprudence que de soulever le voile qui couvre les ressorts du gouvernement qui nous y a conduits, et de signaler les hommes ou les administrations qui ont joué les principaux rôles! De grace si nous en sommes encore, et après la chute du tyran, réduits à ce degré de servitude, ne parlons plus de liberté, d'organisation politique, de balance dans le gouvernement, de responsabilité ministérielles. Ce sont autant de parades, dont nous dispensons ceux qui prennent encore la peine de les jouer. Sur-tout ne parlons pas d'attachement au roi; car ces opinions tendent à l'environner, à son arrivée, de ses plus épaisses ténèbres, à le livrer aux inspirations des passions particulières ou des cotteries qui ne trouveront de coupables que dans leurs ennemis; et l'on ne manquera pas d'en trouver. Le public verra disparaître les moins souples ou les moins impudens agens du système impérial, et les plus hardis, les plus habile à se retourner, les plus longuement versés dans l'art des travestissemens, rester maître du champ de bataille. Personne plus que nos princes n'a d'intérêt à connaître la véritable source du mal, à la voir exposée nettement et sans détour, afin d'en pouvoir mieux préparer les remèdes. C'est pour eux, enfin, qu'il est intéressant autant que pour nous, de constater les écueils sur lesquels le précédent gouvernement a couru aux acclamations de tout ce qui l'entourait, et qui célébrait sa course comme un triomphe, et tous ses actes comme une suite de prodiges qui assuraient à sa dynastie le trône de la France, et la suprématie de l'Europe à perpétuité.

Quant à ce qui regarde mon intérêt personnel, j'avoue que je suis loin de croire que les princes que nous attendons soient capables de punir par la réprobation dont je me suis entendu menacer dans ces derniers temps ; lorsque j'ai parlé de tracer ce tableau, un travail dicté à la fois par le plus sincère attachement pour son prince et sa patrie. Après la persécution que j'ai éprouvée sous le gouvernement de Bonaparte, pour la sincérité et pour l'honnêteté de mes sentimens, il me serait dur d'être forcé de renoncer aux réparations que je crois pouvoir attendre d'un gouvernement sage et juste à-la-fois. Mais, en supposant que cela fût, je m'en consolerais encore par la pensée que, sans avancer mes intérêts, j'aurais cependant fait un sacrifice ntile. Il faut bien dans la vie civile, comme dans la carrière des armes, risquer d'inutiles exploits. Tous ne sont pas toujours connus ; tous ne sont pas toujours jugés comme les juge celui qui les tente.

Je répréterai, à cette occasion, ce que je dis dans le cours de l'ouvrage, en parlant de l'armée. La France où se trouve tant de courage pour affronter la mort sur le champ de bataille, a été menée sur le penchant de sa ruine, par un défaut absolu de ce courage civil, qui n'est appelé qu'à braver la disgrace. Nous avons étonné l'Europe par vingt ans de bravoure; nous l'avons révoltée par dix ans de lâcheté dans les conseils, de servilité dans les écrits et les discours qui n'ont point eu d'exemple. Je sais qu'il n'est pas donné à des particuliers sans crédit, de montrer ce genre de courage; et qu'il n'est utilement exercé que par ceux qui possèdent un grand pouvoir : et j'avoue que j'aimerais mieux, si j'avais le choix, suivre un étendard, que de le lever. Mais ne sommes-nous pas dans un moment extraordinaire ? N'est-il pas convenu qu'en France, le courage est en raison inverse des positions et des rangs ? Nous avons vu les plus beaux noms se souiller, ou de tout ce que la révolution a eu de plus exagéré, ou de ce que la bassesse a pu suggérer de plus révoltant. Quand la tête d'une nation donne cet exemple, tout est dit. C'est la preuve que la nation a perdu toute existence : si elle ne peut la reprendre qu'en étant fortement appelée à méditer sur sa position, en étant ramenée à réfléchir sur la cause comme sur l'étendue de ses maux ; pourquoi ne serait-il pas permis à un homme isolé de le faire ? Il encourt le reproche d'entêtement ; mais, plût à Dieu que nous fussions entêtés dans le bien ! Loin de nous cette complaisance de conscience et d'opinions qui s'accomode de tout ; qui fait depuis vingt ans de la France un bal masqué, ou les mêmes hommes se représentent toujours sous de nouveaux déguisemens ! C'est par la fermeté dans un système

(xxiij)

réfléchi et justifié par les évènemens , que les états se
conservent , et non par ces condescendances qui com-
promettent avec tous les systèmes , et se louent successivement au services des plus opposés. Si j'avais pu ,
depuis douze ans , hors de place ou en place composer
avec les opinions que j'ai vu dominer , ou avec les propositions qui m'ont été faites , j'aurais avancé ; mais
j'aurais , comme tant d'autres , à me reprocher d'avoir
menti à ma conscience et coopéré aux malheurs et à
l'oppression de mon pays.

Quelques personnes pensent qu'il n'est pas généreux
d'attaquer des hommes à terre. Cette opinion n'est qu'un
sophisme. Jamais on n'a révoqué en doute la sagesse de
l'institution égyptienne , qui jugeait les rois après leur
mort parce qu'on ne pouvait les juger pendant leur vie.
J'aimerais mieux qu'à l'exemple de nos voisins , il nous
eut été possible de juger les puissans pendant qu'ils
avaient l'autorité. Mais le pouvait-on ? et n'est-ce pas une
injustice ou une sanglante ironie que de trouver qu'il
y ait défaut de générosité à dire, après leur chûte , la
vérité sur des hommes ou à des hommes qui , pendant
leur puissance , nous avaient , sous les plus terribles
peines , interdit jusqu'à la plainte ?

On me fera peut-être un reproche d'avoir nommé
quelques personnes par leurs noms. Il y en a deux :
MM. Jaubert et Decrès, envers lesquels je n'exerce en
les nommant, qu'une représaille bien juste et bien mo-
dérée, de leur conduite envers moi. Ils m'ont voulu
flétrir par un décret, mis, avec intention, au Moniteur
(d'octobre 1807). Ce décret se trouve être aujourd'hui
pour moi un titre de gloire et pour eux un éternel reproche. J'en appelle à mon tour au public, qui nous
jugera respectivement. Ils ne peuvent trouver mauvais

de voir leur administration traduite devant les juges auquel je consens à soumettre la mienne malgré les réticences étudiées de leur arrêt. Je ne cite au reste, rien qui ne concerne leur gestion comme hommes publics ou qui ne soit connu de tout Paris. Quant aux autres, je me borne à exposer les principes, les effets, les conséquences de leurs actes ou de leurs opinions. Ils se sont tellement, eux et leurs amis, familiarisé avec l'idée que jamais l'heure du jugement ne sonnerait pour eux en France, que les français ne sortiraient jamais du morne désespoir qui nous ôtait jusqu'à la faculté de réfléchir sur leur conduite publique, qu'ils vont regarder comme un signe de désordre extrême, qu'on ôse seulement y porter les regards. Nous avons été pendant douze ans, pour eux, semblables à ces esclaves devant lesquels les maîtres se permettent tous les scandales, persuadés qu'ils ne seront pas même apperçus. Il n'est que juste assurément qu'ils s'entendent dire au moins quelques vérités sur leur coupable et jactancieuse administration. N'est-ce pas une bien faible punition pour l'abyme de malheurs dans lequel ils travaillent depuis si long-temps à nous plonger ?

L'ouvrage a été terminé le 12 avril, et je prends soigneusement acte de cette époque. S'il est accueilli du public, je pourrai bien développer dans un autre écrit les idées de rétablissement que je n'ai pu qu'indiquer en parcourant les diverses parties du gouvernement impérial, et sur lesquelles je me suis préparé depuis long-temps au milieu des différentes fonctions que j'ai remplies, à payer quelque jour à mon pays, le tribut de mon expérience et de mes réflexions.

Paris, 25 avril 1814.

Lettre de M. Jérôme Bonaparte, annoncée à la note page V.

New-York, 18 novembre 1803.

J. Bonaparte, au citoyen Pichon, commissaire-général des relations commerciales.

Je reçois votre lettre, citoyen, à New-York, où je suis arrivé ce matin.

M. Lecamus m'avait en effet rapporté ce que vous l'aviez chargé de me dire, et dans cette circonstance vous m'avouerez que votre conduite ne s'est nullement accordée avec vos paroles (1). Je n'ai fait, en écrivant au consul lors de mon arrivée, que lui communiquer ce que vous m'aviez dit en présence du général Rewbell et de M. Lecamus. Ce sont des choses que je ne devais point laisser ignorer à mon frère, et je vous assure que je les lui ai répétées exactement comme je les avais entendues. Ces propos se réduisent à trois affirmations que vous m'avez données.

La première, que nous n'avions la guerre que parce que le premier consul voulait se venger des injures que lui disaient les papiers anglais. La seconde, vous répondîtes au général Rewbell, qui vous observait que ce pays était bon à connaître pour un militaire, parce que l'on ne savait pas ce qui pouvait arriver : que le consul avait bien assez de son pays à gouverner, sans chercher celui des autres. La troisième, que les Français étaient plus esclaves que jamais ; qu'il n'exis-

---

(1) Ceci est relatif à ma conduite dans l'affaire du mariage.

tait plus en France ni droit civil , ni droit militaire (1).
Voilà , citoyen, ce que j'ai dit au consul ; voilà, citoyen, ce que vous m'avez dit en voiture devant le
général Rewbell et mon secrétaire : je vous demande
actuellement si vous n'en eussiez pas fait autant que
moi. Je vous demande plus encore ; si vous eussiez
été aussi modéré , car vous devez vous rappeler que je
ne répondis pas un mot. Je ne vous parle, citoyen ,
de cette affaire , que pour vous faire bien connaître
que je n'ai fait que mon devoir.

    J'envoie au consul la copie de cette lettre.

———

(1) On se doute bien que je n'avais pu émettre une assertion
aussi ridicule. Après quelques mois, la mémoire du secrétaire
était en défaut ; tout s'était bien passé à table et non en voiture. Au reste, la jeunesse et l'inexpérience de M. Jérôme
Bonaparte, à cette époque, excusent en partie l'odieux de cette
dénonciation, qu'on aurait au moins dû me faire connaître en
l'écrivant. Je lui dois la justice qu'il a noblement cherché depuis à me témoigner tout le repentir qu'il en éprouvait.

ERRATA.

Pag. lig.

AVERTISSEMENT.

iij,   25, bientôt retiré, *lisez* bientôt eu tiré.

x,   8, pouvais, *lisez* pourrais.

xi,   25, du gouvernement, *lisez* de gouvernement.

xvi,   13, et auxquelles, *lisez* sur lesquelles.

xx,   29, de ses plus épaisses, *lisez* des plus épaisses.

TEXTE.

7,   8, l'exemple des vingt ans, *lisez* les vingt ans.

12,   19, ont jetés, *lisez* ont jetée.

21,   12, c'est une loterie qu'on y tire, *lisez* c'est une loterie continuelle.

22,   10, marquée, *lisez* masquée.

33,   20, qui pensât, vit plus loin, *lisez* qui pensât ou qui vît.

38,   2 et 4, dégageaient, rendaient, *lisez* dégageait, rendait.

40,   18, ce qui vaut, *lisez* ce qui équivaut.

42,   1, dès le 17, *lisez* dès le 19.

45,   10, des ordres, *lisez* les ordres.

50,   16, pouvions-nous, *lisez* pouvons-nous.

63,   3, et sur toutes, *lisez* et dans toutes.

64,   12, derniert, oute, *lisez* dernier, toute.

67,   14, s'interprètent, *lisez* s'interprétaient.

72,   10, pouvait, *lisez* pourrait.

74,   24, ont été, *lisez* aient été.

80,   5, de ces, *lisez* de ses.

94,   8, tyranniques, *lisez* titaniques.

95,   13, des Mahomet, *lisez* de Mahomet.

99,   14, énergique, *lisez* énergiques.

106,   21, et organiser, *lisez* organiser.

109,   10, à tromper, *lisez* pour tromper.

120,   8, ceux des, *lisez* ceux de.

125,   21, ont eu, *lisez* ont vu.

140,   13, *effacez* ce.

151,   26, à un ministère, *lisez* à des ministres.

153,   3, complaisances, *lisez* complaisans.

DE L'ÉTAT

DE LA FRANCE,

SOUS LA DOMINATION

DE

NAPOLÉON BONAPARTE.

~~~~~~~~~~

Depuis vingt-cinq ans, la France cherche un gouvernement tempéré. C'est au milieu d'une prospérité dont le souvenir paraît maintenant un rêve à ceux qui en ont été les témoins, qu'elle est entrée dans la carrière orageuse des réformes. Elle a cherché dans de nouvelles constitutions une sauve-garde contre les abus dont elle crut avoir à se plaindre sous ses rois, et dont le sentiment, arrivé chez tous les ordres de l'Etat au plus haut degré d'exaltation, a produit la révolution terrible dont les catastrophes ont ébranlé toute l'Europe ; et depuis vingt-cinq ans, la France, constamment opprimée, n'a réellement fait que changer de tyrans.

1*
~~~~~~~~~~

Dans ses premiers efforts pour arriver à la liberté, elle poursuivit un fantôme qui l'a conduite par tous les degrés des désordres populaires aux derniers excès de l'anarchie. Lorsque dans l'espoir du repos, et trompé par des protestations hypocrites, elle s'est aveuglément jetée dans les bras de Napoléon Bonaparte ; sous le nom et au cri de l'ordre, elle a vu ses droits les plus chers, les plus sacrés, anathématisés par ceux-là mêmes qui l'avaient ensanglantée pendant dix ans, pour exalter ces droits jusqu'à la plus folle exagération ; elle en a vu l'envahissement préconisé par ceux qui, ayant déploré, ayant ressenti de la manière la plus sanglante les abus du pouvoir sous les formes de la popularité, auraient dû s'opposer à leur renouvellement ; mais qui, dominés comme leurs adversaires par la vengeance et la cupidité, ont cru tous les excès permis et légitimes, dès qu'ils s'annonçaient avec les couleurs de la monarchie, et qu'ils émanaient d'un homme qui, après s'être sali dans toutes les débauches de la révolution, s'était constitué le vengeur de tous les crimes et de toutes les erreurs qu'elle avait enfantés. Elle a vu des démagogues, plus ou moins exaltés, se faire les zélateurs passionnés du pouvoir absolu ; et des amis d'une monarchie dont la force consistait dans des établissemens qu'on n'a pu détruire, sans ébranler le trône, s'ériger en fauteurs d'un despotisme dont ils n'ont pas même semblé, ni les uns ni les autres, pouvoir être dégoûtés par la brutalité et la corruption auxquelles il était arrivé dans ses derniers momens. Il n'y a sorte d'outrages qu'elle n'ait reçus dans les manifestes que le tyran faisait lancer contre elle tous les jours, et sous toutes les formes; sorte d'oppression dont elle n'ait vu apporter journellement le projet en tribut aux pieds du maître, par la foule de faiseurs qui, sous divers titres, travaillaient journellement à épuiser ses forces et sa patience. Enfin, la France s'est vue surprise et comme emprisonnée dans un édifice de tyrannie, dont on ne trouve le pareil que sous les plus atroces des soldats romains qui déshonorèrent la pourpre impériale. Trompée dans toutes ses espérances, trahie, abandonnée par ceux qu'elle avait portés du néant ou de la proscription au faîte de la puissance et des honneurs, ses fers se sont trouvés appesantis et rivés, au point que, dans l'impuissance de s'en affranchir elle-même, faisant céder tout sentiment national à celui de la conservation individuelle, elle s'est vue réduite à faire des vœux contre le succès

de ses armes, et à ne plus voir dans ses ennemis que des libérateurs.

Il était impossible d'en avoir de plus ma-
gnanimes, et dont les sentimens et la modération pussent inspirer plus de confiance. La
postérité la plus reculée partagera l'admiration et la reconnaissance de la génération présente envers les souverains qui, séparant la
nation française de son tyran, oubliant les
injures atroces, les trahisons répétées, l'ar-
rogante prépotence dont ils ont été l'objet
pendant douze ans de la part de Bonaparte,
et auxquelles le langage de la servitude a
donné pendant douze ans l'apparence de l'assentiment national, ne veulent voir dans le
peuple français qu'une victime; un peuple
assez malheureux des maux qu'il a soufferts
de l'ennemi commun, et trop puni de ses
erreurs par vingt-cinq ans de calamités. Quels
hommages ne décerneront pas les contemporains et la postérité au prince qu'une politique éclairée amène presque des confins de la
terre habitable et au prix des plus grands
sacrifices, pour étouffer dans leur source des
guerres sans cesse renaissantes, auxquelles
des conseils qui ne lui furent pas moins funestes qu'à nous-mêmes lui persuadèrent trop
long-temps qu'il devait demeurer étranger?

Ils en décerneront également aux autres princes qui, faisant taire des intérêts qui pour le malheur du monde et pour le nôtre, les ont divisés trop long-temps, ont enfin senti que tous les États étaient solidaires pour l'indépendance et le repos les uns des autres.

Mais quels éloges ne seront pas dus à l'Angleterre ? Cette puissance qui ne fut jamais trompée ou qui ne le fut qu'un instant par les insidieuses protestations de l'homme dont la perversité s'annonça dès ses premiers pas dans la carrière publique, et qui s'élançait déjà sur le trône du monde le jour où il prit le timon des affaires sous le nom faussement modeste et fantastique de consul ? L'Angleterre qui, ne désespérant jamais du salut de l'Europe, lorsque son asservissement paraissait consommé, se retranchant dans la guerre comme unique moyen de salut contre les artifices et la violence qu'employait alternativement Bonaparte pour arriver à ses fins ; mettant de côté tous les ressentimens que les égaremens momentanés des puissances continentales pouvaient lui inspirer, n'a cessé d'élever contre cette tyrannie monstrueuse l'étendard de la résistance, et d'offrir le secours de ses armes et de ses trésors aux États opprimés qui se sentaient la force et le courage d'en appeler à l'épée ; cette nation enfin à laquelle Bonaparte et son ministère n'ont pas craint de rendre officiellement l'hommage de dénoncer sa constitution comme le seul obstacle qui s'opposât au despotisme universel qu'ils méditaient, et à qui il est réservé, peut-être, de recevoir un hommage plus grand encore de la part de cet ennemi du genre humain ; celui d'être le seul état où il puisse trouver un asile lui et les disciples qui l'ont inspiré ou secondé dans son affreux apostolat contre la liberté des nations.

Le remède à la complication de maux que nous éprouvions a été terrible ; disons plus, il est humiliant pour l'orgueil national ; il accuse non pas la nation, mais les autorités publiques qui, l'ayant successivement dépouillée elle et ses représentans de toute influence sur ses affaires, auraient au moins dû, lorsque la perte de la patrie était imminente, faire un effort pour la sauver : elles l'ont pu faire utilement jusqu'au mois de novembre dernier : elles ont, jusqu'au 3o mars, observé un silence coupable. Que dis-je ! jusqu'à cette époque elles ont concouru aux desseins de Napoléon. Il a fallu la force extérieure pour briser nos liens, et avec moins de fixité dans les principes, moins de sincérité dans les déclarations , moins de morale dans le caractère et dans la conduite que n'en ont les puissances alliées , la nation pourrait se livrer aux plus funestes présages. Mais tout nous rassure au milieu de cette catastrophe , dont les puissances apprécient trop bien et la nature et les causes pour s'en laisser maîtriser. Elles savent, et l'exemple des vingt ans de guerre qui s'écoulent leur ont appris, que ces grands bouleversemens, ces conquêtes qui font perdre la raison au commun des princes, et qui ont exalté l'ivresse de Bonaparte et de ses flatteurs au dernier degré de l'exagération et du ridicule, sont l'effet de cette force d'inertie dans laquelle les peuples, à défaut d'une influence plus directe sur les passions des princes et les vices de leurs perfides et lâches conseils, sont réduits à chercher leur salut. Quels exemples plus frappans de l'action puissante, irrésistible de cette cause que celle que nous offre la guerre actuelle, et notamment la guerre d'Espagne ? L'Espagne entière a préféré la conquête au joug de Mannuel Godoy ; et comme une nécessité demontrée par trois mille ans d'histoire, veut que les princes périssent avec les conseils qui les ont amenés à leur ruine, on a vu le malheureux Charles IV couvrir de son corps la victime que lui demandait toute une nation poussée à la révolte par son désespoir. La France a été trahie, livrée par son indigne gouvernement, et non conquise. Jamais on ne vit une sécurité plus insensée au milieu de dangers plus imminens. Jamais ne prévalut à un degré plus terrible et plus propre à donner une grande leçon aux princes et aux nations:

> . . . . . . Cet esprit de vertige et d'erreur,
> De la chute des rois funeste avant-coureur.

Les moyens et les forces que la prudence la plus commune aurait conservés pour couvrir la frontière et pour en faire une réserve derrière laquelle on pût traiter de la paix, et faire trève à une suite de fautes et de crimes sans pareils, ont été dilapidées dans la dernière campagne en projets des conquêtes. Cette ligne de place la plus judicieusement, la plus fortement conçue que l'Europe connaisse, est devenue complétement inutile, par l'effet de ce vertige qui doit à jamais accuser les lâches ministres qui ont consenti à son entier désarmement. Il n'y a de comparable au crime de l'avoir fait, que l'étonnement qu'en a témoigné l'étranger qui occupait le ministère de la guerre, et qui n'a pas craint d'appeler sur sa conduite l'attention de la France en s'étonnant, dans un discours d'apparat, que les ennemis n'eussent pas respecté des murs dénués de défense et de défenseurs. Les souverains alliés sont trop éclairés pour ne pas rendre justice à la bravoure de la nation, et pour méconnaître ces vérités. Ils ne font point, comme Napoléon, la guerre pour la guerre, ils la font pour arriver à la paix ; ils nous exhortent à y concourir par l'établissement de notre gouvernement sur des bases qui la garantissent. Les conquérans commencent par désorganiser les peuples qu'ils veulent soumettre ; les princes qui nous ont délivré de la tyrannie reconnaissant quelle fut un des plus actifs instrumens du despotisme général, qui met toute l'Europe en armes, nous adjurent, comme garantie du repos commun, d'en prévenir à jamais le retour par une sage organisation politique et par de bonnes lois.

Espérons donc, malgré le danger des circonstances déplorables où la France a été amenée, que notre patrie approche du terme de ses maux, et qu'avec eux vont aussi finir les agitations qu'ils répandent sur toute l'Europe depuis vingt ans. La réalisation de cet espoir dépend beaucoup de nous - mêmes.

Cette circonstance peut être l'époque de notre salut comme elle peut être celle de nouveaux et peut-être de plus grands malheurs. Cette ère nouvelle s'ouvre, il en faut convenir, sous des auspices autrement rassurans que ceux que nous avons vu signaler les crises antérieures. Nous avons d'autres présages d'un meilleur avenir que de vaines promesses sur lesquelles la nation est bien désabusée. Le retour des Bourbons doit être un autre gage de la fin de la révolution, que ne le fut la déclaration fastueuse et mensongère qu'en fit Bonaparte en arrivant au pouvoir. Sous lui la révolution, c'est-à-dire le règne de la violence, de l'injustice, de tout ce qui caractérise cette espèce de guerre civile qu'on appelle *révolution*, n'a cessé de continuer avec toute l'intensité que devait lui donner le pouvoir sans bornes dont il fut successivement investi. Il n'y a eu entre la tyrannie de Bonaparte et la tyrannie démagogique dont il a hérité, et dont, sous des formes nouvelles, il a été le continuateur, d'autre différence que celle de la publicité. On se rappelle, au commencement de sa carrière comme consul, de lui avoir entendu tenir un discours aussi profond en perversité et aussi chargé de présages affreux pour la France, que le fut pour les

Romains celui que tint, en commençant son usurpation, l'héritier des fureurs de Marius. César disait : *Scylla nescivit dictare qui nescivit litteras.* « Scylla n'entendait rien à la dictature, puisqu'il ne savait pas écrire. » Bonaparte dit, en exaltant Robespierre, dont il s'est déclaré jusque dans ces derniers temps l'admirateur passionné : « Robespierre était « un sot ; il faisait crier le soir dans les rues « le nom des victimes qu'il envoyait à l'écha- « faud. » Le mystère et les ténèbres sont devenus une des conditions essentielles de son gouvernement. A cela près, et sans être aussi bruyante, sa tyrannie nous a fait un mal plus durable, plus profond, plus difficile à réparer que celle de l'objet de son admiration.

Le retour de nos princes paraît donc devoir être le commencement d'une ère véritable de liberté. Il le sera s'il devient le signal d'une réconciliation sincère entre les partis qui nous divisent, s'il devient l'époque d'un pacte fondé sur des concessions mutuelles entre des opinions dont l'hostilité réciproque a livré la France au pouvoir absolu. Que ce pacte trouve la garantie de sa stabilité dans la nature même de ses conditions et dans les vertus, dans la modération, dans l'intérêt, dans les malheurs enfin du roi et des princes de sa maison. Nous sommes tous bien convaincus maintenant que la royauté et la liberté publique se prêtent un mutuel appui, et que les plus grands ennemis des peuples et des rois sont ceux qui prétendent les séparer. Loin que l'une puisse profiter de la destruction et des dépouilles de l'autre, l'existence de chacune est menacée dès qu'elle demeure seule, et l'excès de sa puissance devient le moment de son déclin et le signal inévitable de sa destruction.

Si, comme on n'en peut douter après les affreuses expériences d'où nous sortons, ces vérités sont profondément gravées dans l'esprit et dans le cœur de tous les Français habiles à réfléchir, ne désespérons de rien, malgré la profonde corruption que vingt ans de tyrannie, et sur-tout celle du gouvernement de Bonaparte, ont jetés pour ainsi dire jusque dans les entrailles et dans la moëlle de l'État. La seule conviction de ces vérités, l'intérêt que mettront les gens de bien à leur propagation, deviendront la source de l'harmonie qui sera nécessaire entre tous les ordres de citoyens pour sortir la France du chaos dans lequel ont achevé de la précipiter quinze ans d'une administration constamment et dans toutes ses parties dirigée par des vues de révolution et de tyrannie, ou par des théories monstrueuses dont l'histoire et l'expérience prononcent également la réprobation. Dans toutes les branches du gouvernement il y a des principes affreux à détruire, des lois oppressives à révoquer, des traditions et des usages de caprice et d'arbitraire à proscrire, des maximes conservatrices de la sûreté, de la propriété, du repos intérieur et extérieur de la nation, de sa religion, de sa morale à remettre en vigueur; il y a enfin un gouvernement à reconstituer, car la France n'a eu depuis vingt ans que des maîtres; mais elle n'a point eu de gouvernement.

Pour nous convaincre de cette vérité, jetons nos regards sur l'état de choses d'où nous sortons. Considérons les diverses autorités qui l'ont produite, et qui ont été les instrumens actifs de notre servitude et de nos malheurs.

Caractère de Bonaparte.

La première qui se présente est celle du chef; son caractère personnel a été incontestablement le grand moteur, comme il a été la source primitive de l'organisation monstrueuse dont le poids nous écrase encore. Le

trait qui frappe de prime abord dans ce caractère, c'est cet esprit violent, sombre et
aventurier qui fait les usurpateurs et les élève
au milieu du tumulte des révolutions. Un
homme qui fut un des héros du 10 août, et
qui, à son entrée aux Tuileries, le rappela
à l'illustre Bougainville, qui s'était aussi trouvé
à cette journée, mais dans des rangs bien opposés; qui parut aux comités de l'an 3 trop dé-
crié, trop dangereux pour être envoyé à Cons-
tantinople, où il voulut passer avec Aubert-Du-
bayet et même à St.-Domingue, où de désespoir,
il voulut suivre des commissaires qui partirent
en l'an 3; qui, dès l'époque fameuse du 18 fructidor, dont il fut l'instrument principal, con-
voita la suprême autorité et l'annonça par
plus d'une indiscrétion, par plus d'un acte
de révolte véritable contre le directoire, qui
l'avait tiré de la proscription où ses opinions
sanguinaires l'avaient jeté; qui fut assez puissant pour se faire livrer l'élite de l'armée française avec une flotte immense pour aller recom-
mencer en Egypte la carrière d'Alexandre;
qui a pu ensevelir impunément les deux tiers
de cette armée dans les sables du désert, et y
délaisser l'autre tiers; présenter à la France
pour tout dédommagement de cette funeste
et criminelle expédition, l'avantage d'avoir

recueilli de nouvelles études sur les antiquités égyptiennes, et qui s'offre hardiment à une nation de trente millions d'hommes à laquelle il est étranger, comme son libérateur : cet homme ne pouvait être qu'un soldat audacieux en appelant toujours à la force et regardant le monde, comme la proie du plus entreprenant. Jamais un calcul politique ne put entrer dans sa tête, autre que ceux que la cupidité et l'ambition la plus effrénée permettent de former au milieu des camps. C'était vraiment le modèle du soldat tel que le dépeint Horace :

Jura negat sibi data nihil non arrogat armis.

Jamais cet esprit ne se ralentit un moment chez Napoléon, et mille traits échappés à cette verve violente qui ne l'abandonnait jamais, montrent à quel point il en était incessamment inspiré. Ces traits, colportés par la flatterie, étaient présentés par elle, à la nation stupéfiée, comme des choses d'une grandeur admirable, et ce n'était que les révélations de la plus révoltante férocité, ou du mépris le plus outrageant pour les hommes et pour ses contemporains. Un jour, il disait à un administrateur qui, en Italie, avait effectué des paiemens sur la caisse de l'armée, et qui s'en justifiait par des ordres du directoire : «Vous ne savez donc pas qu'il n'y a pas un de ces directeurs et des ministres à qui je ne fisse baiser ma botte pour vingt mille francs? » A une personne qui lui faisait craindre au 18 brumaire qu'Augereau ne fût pas très-sûr : « Lui ! disait-il, soyez tranquille ; il ne bougera pas ; il sait de quel bois je me chauffe. » Devant des tribuns, à l'époque où le tribunat s'était opposé à la création des tribunaux spéciaux : « A quoi tient-il que je ne les fasse tous jeter dans la Seine ? et tout Paris y applaudirait. » A une personne qui lui représentait que l'opinion publique trouverait à redire à une mesure : «Votre opinion publique, je la murerai quand je voudrai. » Il avait du plaisir à mêler l'ironie à la violence. Lorsqu'il signa en 1805 des préliminaires avec M. Doubril, dans ces préliminaires, l'indépendance de Raguse fut stipulée. Il fit passer à Raguse, au moment même de la signature, l'ordre de dissoudre le gouvernement, et d'y lever une contribution : «Voilà, écrivait-il, comme j'entends l'indépendance de la république de Raguse. » Comme trait d'inhumanité, conçoit-on rien de plus féroce que d'appeler les jeunes conscrits de la *chair à canon*, et de dire sur le champ de bataille de Wagram, à la vue des

morts qui le couvraient : « Qu'on me fasse né-
toyer cela promptement. » Férocité bien digne
de celui qui disait en Egypte, à ceux qui lui
faisaient des remontrances contre la résolution qu'il avait prise d'empoisonner ses ma-
lades : « Il faut vous retirer dans ce monastère voisin. » « Ne crains-tu pas, lui disait
Lucien, que la France ne se révolte contre
l'indigne abus que tu fais du pouvoir ? » « Ne
crains rien, répondait-il, je la saignerai tellement au blanc, qu'elle en sera de long-temps
incapable. » En raisonnant d'impôts, il disait
« qu'il fallait charger le baudet pour qu'il ne
ruât pas. » Le mot le plus menaçant qui lui
soit échappé, est celui qu'il a proféré, il y a
environ quatre ans ; et je laisse à juger aux
lecteurs capables d'en apprécier la profon-
deur, sur quelle donnée il était fondé : « L'Europe est une vieille p.... pourrie ; j'ai huit cent
mille hommes, j'en ferai ce qu'il me plaira. »
L'Europe, en effet, a pu pendant quelques
momens autoriser cette idée ; mais il n'a pas
vu qu'elle était plutôt étonnée que pourrie,
et que du moment où elle pourrait se remettre
de cet étonnement, elle devait renverser
l'échafaudage, plus fastueux que réel, de sa
tyrannie. Il n'a jamais pu se persuader que le
réveil de l'Europe fût sérieux. Il s'est toujours

flatté que la langueur dans laquelle elle avait
attendu pendant dix ans, et depuis la rupture
de la paix d'Amiens, tous les coups politiques
et militaires qu'il lui plaisait de lui porter, la
rendrait incapable de s'unir pour briser le co-
losse de puissance qu'elle lui avait laissé former
des débris de tant d'Etats. Enfin, le 30 mars,
il rêvait encore des projets de conquêtes, et
depuis dix-huit mois, menacé de perdre l'Empire et la vie, il s'occupait de reconquerir
l'Egypte.

Une des circonstances les plus mémorables
et les plus récentes, où cet esprit romanes-
quement violent se soit montré, c'est lorsque
le 23 janvier on lui présenta, aux Tuileries,
les officiers de la garde nationale de Paris.
On sait combien l'officialité des journaux a
exalté la scène qui s'y passa et l'effet des discours qu'il y tint ; combien cette habitude de
dissimulation, de mensonge envers soi-même,
et les uns envers les autres, qui distingue les
cercles de Paris depuis quelques années, s'est
montrée dans cette circonstance. Une fois le
parti pris de trouver tout bien et de faire
abnégation de tout jugement et de toute réflexion, il est tout simple qu'une pareille scène
ait été jugée comme elle l'a été dans ce temps.
On a vu des larmes couler (la cupidité qui

est au fond de l'adulation exprime autant de
pleurs que la tendresse), et il y eut en effet
des acclamations; les larmes et les acclamations, pour un observateur réfléchi, étaient
l'effet ou d'une bassesse ou d'une terreur
portée à l'excès. Ce fut pour moi la représentation vivante d'une séance du sénat romain sous Tibère ; je dis à deux ou trois
amis, en la quittant : « Quand on a un pareil
homme pour chef et maître absolu du gouvernement et des conseils, comme ceux que
nous voyons, tout est perdu, et il ne reste
plus qu'à s'envelopper la tête dans son manteau. » Je connaissais bien Napoléon ; je l'avais
approché il y a douze ou treize ans. Je suis
assez au courant des progrès de sa tyrannie ;
mais je n'avais point vu de mes yeux une
chose aussi propre à porter dans l'esprit une
conviction aussi décisive de l'avenir qui nous
menaçait. Cette conviction agit sur moi comme
un coup de tonnerre, et mes amis m'en ont
vu profondément affecté. Cette allocution
qu'il nous fit, fut pour moi celle d'un chef
de mameluck à ses soldats. Un organe fort,
mais sans dignité, avec une intonation évidemment ultramontaine; une figure animée
par la fureur plutôt que par un noble sentiment; un discours dicté par la rage, prononcé

ou plutôt haché par la colère; l'intention d'étonner et de tromper plutôt que de persuader et de convaincre; un appel constant à la vanité nationale, et rien d'adressé à ses intérêts et à son bonheur; le langage d'un désespéré qui anime sa bande à faire une noble fin, plutôt que celui d'un chef calme et noblement dévoué qui encourage une nation; voilà le fond et la forme de ce monologue fameux.

Il manqua beaucoup de choses à la combinaison théâtrale de cette scène, qui avait été bien préparée. Les coups de machines, l'apparition de l'impératrice et celle du roi de Rome, ne furent point portés à temps, et le discours qui supposait ces coups de théâtre, en perdit une partie de son effet. L'adresse des officiers de la garde nationale, qui leur avait été proposée la veille à l'Hôtel-de-Ville, et sur laquelle ils avaient demandé à délibérer, était attendue ce jour-là : et leur refus de la signer avant communication et débat, avait fait manquer une partie de la scène. Que de souvenirs et de réflexions ne rappelle pas cette audience remarquable! que de reproches n'a pas à se faire l'état-major de la garde nationale d'avoir arraché aux officiers, par la ruse et la terreur, en les faisant signer individuellement, ce qu'il n'aurait point obtenu par une communication ouverte et franche avec eux!

C'est une chose dont il faut perpétuer la mémoire pour l'instruction des peuples et des rois, que la contagion qu'exerce sur toutes les autorités dépendantes, l'injustice et la violence d'un gouvernement lorsqu'il est absolu. Il en résulte un esprit d'abandon, de fatalisme stupide, d'indifférence cruelle, qui entraînent tous ceux qui partagent le pouvoir. L'idée qui domine tous les esprits, c'est qu'il n'y a plus qu'heur et malheur dans l'Etat. C'est une loterie qu'on y tire, où il faut se préparer son lot par la souplesse, par l'intrigue, par le mensonge, par tout ce qui fait glisser avec succès entre mille écueils. Aussi lorsque vous étiez frappé de quelqu'acte injuste ou arbitraire, soit de Bonaparte, soit de ses ministres, vous n'inspiriez plus aucun intérêt. « De quoi diable vous plaignez vous? disait un ministre à une victime d'un acte de ce genre; nous sommes sur un vrai champ de bataille. » Un autre ministre disait, il n'y a pas long-temps : « C'est la justice qui nous tue. » Cette dureté, cette injustice avaient frappé sur les têtes les plus puissantes. Les premières victimes en étaient les frères mêmes de Napoléon. Ils les mettait aux arrêts chez eux, même avec des gendarmes. Au roi d'Hollande, qui s'excusait

d'aller habiter ce pays comme malsain, il dit :
« Eh bien! vous mourrez roi. » Enfin il est
constant que ses trois frères avaient pris la
résolution de s'expatrier à la paix, et de fuir
le despotisme dont ils ne voyaient pas sans
horreur pour eux - mêmes les accroissemens
journaliers, sans oser rien entreprendre de
décisif pour les arrêter.

Cette violence, au reste, s'était, dans les
premiers temps du consulat, marquée sous
des dehors trompeurs. Il affichait un grand
zèle pour la liberté, et l'on a vu toutes les
forfanteries qu'il a jetées en avant sur ce chapitre comme sur les autres, soit qu'il ne voulût que donner le change, soit que son esprit
irrésolu et incapable de se former une opinion,
flottât réellement dans le choix de celle qu'il
devait embrasser. Il endormit complètement
Moreau par les plus belles protestations de ce
genre, avant la campagne, qui finit par la
bataille de Hohenlinden. Il disait à un fonctionnaire qui prenait congé de lui pour une
mission, « que si la constituante avait sû se conduire, il n'y aurait plus maintenant un trône
en Europe : » extravagance qui remplit le
fonctionnaire des plus funestes pressentimens.

Tout ces discours avaient leur source dans
un fond de vanité qui, avec autant de puis-

sance, devait produire les plus funestes résultats. Il avait la prétention de tout connaître. N'a-t-on pas vu les jurisconsultes du conseil d'état lui faire jouer la comédie de discuter le code civil ? Cette vanité l'a livré à la discrétion des flatteurs, des inspirateurs de tout rang, qui ont su s'en emparer. On ne se figure pas jusqu'à quel point ils l'ont exaltée ; on a été jusqu'à lui dire, dans un rapport officiel, que le trésor lui devait l'introduction de la tenue des livres en parties doubles, et qu'il en avait mûrement délibéré et décidé avec connaissance de cause ; ce qui était assurément pousser la flatterie jusqu'au ridicule. Enfin l'on sait que, pendant ses discussions avec le clergé, il y a deux ou trois ans, il se prit d'une grande passion pour les questions de discipline ecclésiastique, et qu'après avoir lu dans une nuit quelques fragmens du livre de l'évêque de Meaux, il se déclara capable de discuter envers et contre tous les dissidens qui résistaient encore à ses volontés dans l'assemblée du clergé.

C'est en se livrant sans réserve à ces deux passions, une violence sans bornes et une vanité puérile qui avait sa source dans un profond orgueil et dans une grande ignorance de tout ce qui ne tenait pas à sa profession ; c'est en se laissant conduire aveuglément par ceux qui ont su manier la dernière, et jeter l'autre dans des projets où elle trouvait à épuiser ses forces, qu'il a successivement organisé le gouvernement sous lequel il a lui-même succombé.

Si nous jetons un coup-d'œil général sur ce gouvernement et sur les autorités destinées à transmettre sa principale impulsion, quelle machine fut jamais plus industrieusement construite pour le despotisme et pour l'oppression ? Nous trouvons un chef suprême ayant en apparence centralisé dans sa personne l'initiative, la discussion, la décision de toutes les mesures : invisible, inaccessible pour son peuple, autrement qu'au moyen d'inutiles placets qui s'allaient perdre dans les cartons des ministres intéressés à supprimer la plainte, et qui, le plus souvent, ne les lisaient pas. On peut dire qu'il avait, par le fait, aussi complettement oblitéré le droit de pétition que s'il l'eût détruit par décret. Celles qui lui étaient envoyées, même par l'intermédiaire de cette commission qui fut un moment, et avec tant d'ostentation, chargée de les recevoir, et qui depuis, est tombée en désuétude à force de ridicule et de nullité, n'étaient réellement que des placets adressés sous le nom de l'empereur aux divers commis qui avaient dans leur attribution le despotisme définitif de la matière. Comment aurait-on appelé le ministre ou l'employé lui-même d'où émanait le tort à soumettre un rapport au maître ? Cela était aussi impossible qu'il le serait de forcer un homme injuste, sans le secours des tribunaux, à rendre un bien qu'il aurait envahi. Aussi l'idée de présenter une pétition n'entrait plus dans la tête de personne, excepté de ceux qui avaient quelqu'accès à la cour ; et c'était un objet de dérision dans les ministères, que d'entendre un administré dire qu'il se plaindrait par cette voie au chef du gouvernement.

On sait à quelles incartades il s'est souvent livré dans ses audiences envers des personnes publiques ou privées, qui ont osé l'aborder pour réclamer une justice ou des réparations qu'elles se croyaient dues contre le despotisme des ministres. Avec la prétention à une grande mémoire locale et à l'omniscience, il leur faisait une sortie, dans laquelle, sans écouter une seule de leurs répliques, il les condamnait *de plano.* Qu'on juge de l'influence de ces arrêts ainsi prononcés en maître. C'était comme une de ces décisions que les premiers monarques ottomans, donnaient *de l'étrier*. Il ne restait plus qu'à aller se noyer ou se cacher quand on avait passé par cette horrible épreuve. La porte de tous les hommes en place vous était fermée ; vos amis osaient à peine vous voir. Qui l'a plus éprouvé que moi ; qui a plus senti que moi, que le comble du malheur sous un prince absolu, est lorsqu'il s'érige en juge et prononce des arrêts que la cupidité ou la vengeance ou la corruption lui ont le plus souvent dicté ! Il ne restait plus d'autre moyen d'arriver à la justice contre une décision arbitraire ou injuste, que de recourir à ces mille et une voies d'intrigue, à ces nombreux proxenètes qu'un gouvernement de cette nature, crée autour de lui, et des hommes puissans qui partagent sa confiance et sa faveur.

Cependant jamais gouvernement ne fit plus d'étalage, d'une activité à-la-fois incessante et universelle dans son objet. On n'a, sous nul autre gouvernement, autant et aussi fastueusement déclamé sur l'attention du chef, *à qui n'échappe aucun détail de l'adminis-tration.* Il n'y avait pas de jour où le

Cum tot sustineas et tanta negotia solus

d'Horace ne retentît à ses oreilles, et ne lui persuadât qu'il était comme Dieu, doué de l'universalité et de l'ubiquité. La vérité est qu'il encombrait son cabinet de porte-feuilles, sur lesquels, avec la folle prétention de tout lire, il épuisait plutôt l'activité du chef de ses cartons, décoré du nom de secrétaire d'état, et celle des employés qui remplissaient les bureaux de ce ministère, que la sienne propre. L'idée que le prince puisse juger cette masse monstrueuse de matière administrative et judiciaire que, depuis la concentration non moins monstrueuse de pouvoirs, que la révolution et les conquêtes ont produite, le gouvernement était appelé à traiter à Paris! est non-seulement chimérique ; mais c'est une idée qui, inspirée par l'insatiabilité d'attribution qui tourmentait ses ministres et leurs bureaux, et dont je parlerai plus bas, tend effectivement à le priver de toute influence efficace dans le gouvernement. Le résultat nécessaire d'une marche aussi étrange était de remettre, de fait, le gouvernement au secrétaire d'état. Celui-ci capitulait avec les ministres, et chacun des ministres avec lui pour faire passer telle ou telle mesure ; pour emporter telle ou telle promotion. Jamais il n'exista une forme de gouvernement où la nation et le prince lui-même eussent moins de garantie, je ne dirai pas de la justice et de la sagesse, je dirai seulement de la vérité des actes du gouvernement.

N'a-t-on pas vu des décrets de nomination en masse changés à la secrétairie d'état après la signature ? N'avons-nous pas remarqué des blancs-seings évidemment laissés à Paris pour recevoir des sénatus-consultes, que, dans sa défiance, il s'était réservé de signer, et qui ont été publiés pendant la campagne de 1813, avec une date qui montrait l'*alibi* le plus effronté qu'un gouvernement ait jamais osé commettre ? Des décrets paraissent avoir été faits après coup et antidatés ; c'est ce qui est arrivé, d'après les journaux étrangers, pour le décret de révocation des décrets de Berlin et de Milan, rendu soi-disant le 28 avril 1811, pour séduire les Américains. Ces faux, dira-t-on, n'ont été commis que par ses ordres ; et quelle preuve en a-t-on autre que l'importance des objets, importance qui fait présumer qu'on n'aurait pas osé commettre les antidates ou faire les *alibi*, sans sa participation et son consentement ? Otez cette importance qui pouvait fixer son attention, qui garantit que dans mille autre cas d'un intérêt moins grand peut-être pour ses vues personnelles, mais d'une influence on ne peut plus décisive sur l'administration ou le sort des individus, cette licence n'ait pas été prise? N'a-t-on pas vu tout récemment, à l'occasion du procès de M. Muraire avec les israélites de Paris, pour des billets qu'il avait souscrit et dont ils étaient porteurs, et lorsque M. Muraire plaidait, le décret du 17 mars 1808, qui veut que les billets portés par des israélites soient soumis à l'exception de *non numeratae pecuniae* avec preuve à la charge du demandeur ; n'avons-nous pas vu paraître alors une décision jusque-là inconnue, qui exceptait du décret les juifs de Paris? Cette décision, restée jusque-là dans le porte-feuille du ministre, a reçu un effet rétroactif; et certes, quelque juste qu'elle ait pu être dans l'application, son apparition n'en donne pas moins à penser aux abus qui peuvent résulter d'une manière aussi imparfaite de solenniser la décision du souverain.

Il est connu que cet homme si absolu n'était obéi que dans les objets qui servaient de pâture immédiate à ses projets d'ambition et de despotisme. Sur tout le reste, il était mené au dernier point, et cela isolément, par chaque ministre ou par les personnes qui, pour une partie ou pour l'ensemble, avaient su lui plaire par quelques phrases brillantes, par quelques mots heureux, de ces mots à effet, comme on les appelle dans le funeste esprit de nos jours : mots toutefois qui, pour en produire, devaient toujours flatter les objets favoris de ses passions.

Du conseil de cabinet.

Dans un pareil système, et lorsque le le chef prétendait donner à tout l'impulsion, il ne pouvait y avoir de conseil ; il n'y en eut effectivement jamais. Par conseil, j'entends la réunion des chefs de département et des personnes qui, par leur rang et leurs services peuvent y être appelées, et devant lesquelles les affaires et les mesures susceptibles d'exiger une décision du souverain soient rapportées et discutées. On avait bien des conseils appelés d'*administration*, où se traitaient des questions d'un intérêt subalterne, et, accidentellement, des questions du gouvernement. Mais outre que cela n'était point habituel, les affaires d'une haute importance, les grandes mesures de paix et de guerre, les lois politiques ou administratives d'un ordre supérieur, ou n'y arrivaient point, ou n'y passaient que pour la forme. Ces lois n'étaient que le produit ou de la plus fougeuse spontanéité, ou d'inspirations clandestines ou de rapports confidentiels et ténébreux qui arrivaient dans son cabinet, qui s'y élaboraient et qui paraissaient sous la forme de lois ou de décrets fabriqués par des faiseurs particuliers qui en avaient reçu la mission expresse. Il faudrait voir publier les papiers du cabinet de Napoléon! Que de personnes y figureraient pour des mémoires, des rapports, tous dictés par l'empressement à inspirer la tyrannie, qui mêlent aujourd'hui leurs voix aux anathèmes que lance justement contre lui l'exécration publique? Mais il y a été mis bon ordre. Buonaparte, à son arrivée au consulat, a fait brûler par M. Maret, pendant plusieurs jours, tous les papiers propres à faire connaître l'histoire dé l'expédition d'Egypte Lorsqu'il a prévu la chute de son odieux empire avec celle de Paris, il a fait détruire dans les bureaux de la secrétairerie d'état, une quantité considérable de papiers, et on en a soustrait en outre beaucoup d'autres. Pareille opération a eu lieu à la police. Combien de personnes se féliciteront que la lumière n'ait pas éclairé leurs élucubrations, lorsqu'elle a pénétré dans l'antre de Cacus.

Ce n'est pas qu'il eût à craindre quelque résistance de la part de ministres, dont la la souplesse est assez connue, quand on sait que, depuis l'avénement de Bonaparte, pas un n'a quitté sa place autrement que renvoyé par lui. Nous n'avons jamais entendu dire, sous son règne, qu'un ministre ait été remercié pour une opposition décidée à une seule des mesures destructives et tyranniques dont le bulletin des lois ou les cartons de divers ministres sont remplis. Mais c'est qu'il aurait cru décheoir dans son opinion, et dans celle de ses ministres, s'il n'eût pas gardé pour lui ce qu'il appelait la *pensée de l'administration*. De ce système, il résultait qu'il n'y avait, au fond, point de gouvernement. Nombre d'auteurs, de fauteurs, de promoteurs des mesures les plus désastreuses de son administration, tapis dans les ténèbres de la clandestinité, n'avaient autre chose à faire que d'attendre leur récompense en argent ou faveur, sans le moindre danger de la contradiction. Il est indicible la quantité de décrets de la plus haute importance, d'une influence décisive sur la liberté, la prospérité, le repos de la nation qui ont été rendus ainsi de propre mouvement et dorment dans les cartons, protégeant quelqu'iniquité, formant la base d'un petit despotisme, qui vit commodément de la substance ou de la considération que lui donne son petit empire. Les ministres débarrassés par cette forme d'administration de toute responsabilité, traitaient, comme on le sent bien, les affaires présentées à ces conseils comme par manière d'acquit. Lorsque, depuis son retour de Moscou, il avait imaginé d'appeler des conseils privés ; lorsqu'on y délibéra, au mois de décembre dernier, d'une manière scandaleusement brève et superficielle, sur la grande question de la guerre ou de la paix, osa-t-on appeler à la preuve par pièces, de la jactance coupable qui fit dire à un ministre, que, dans trois mois, Napoléon aurait 600,000 hommes sous les armes ? Quand la proposition des alliés et le traité que le vertige lui fit rejeter à Montereau, furent présentés à un conseil fameux, sous quelle forme fut-il présenté ? Le conseil n'en sut pas même la date. Quelle vigueur, pour protester contre une marche aussi pernicieuse, aurait-on trouvé dans ce qui composait le conseil des ministres ? Il n'y en avait pas un qui pensât, vit plus loin que la conservation de sa place et de son traitement.

Tous ces ministres, voyant que le gouvernement et l'autorité étaient à qui en voulait prendre, n'ont pas manqué de se bien partager dans leurs visirats respectifs, au moyen de décrets, de décisions surpris en arrière les uns des autres. Rien n'était plaisant, ou plutôt déplo-

rable, comme l'étonnement et le dépit de chacun d'eux en apprenant de son collègue, par
une lettre très - incidente, qu'il avait carte
blanche et suprême autorité dans une partie
que l'autre regardait comme appartenant à
son domaine. De cette manière, tout le monde
se lavait les mains du despotisme sous lequel gémissait la France ; et cependant tout
le monde se le partageait. Il était passé en
maxime que l'empereur était l'auteur de tout ;
et, le plus souvent, l'empereur n'était l'auteur
de rien. On se passait ses oppressions et sa tyrannie respectives ; il résultait de là que les
conseils n'étaient plus qu'une comédie jouée
par les ministres entr'eux , et des ministres
contre Napoléon ; et que, semblable à un
coursier fougueux qu'on a fatigué à piaffer
dans le sable , il sortait tout fatigué d'une
délibération où ses serviteurs, préalablement
accordés entre eux, au moyen de petits com-
promis de salon, se jouaient très-gravement
de sa ridicule ardeur à tout entendre et à
tout éplucher. Voici un trait qui viendra à
l'appui de ces généralités. En 1811 , époque
où le monopole exercé par Napoléon sur les
blés produisit une disette, il tenait de fré-
quens conseils de subsistances à ses palais
d'été. Un jour un sénateur, assez bon juge

de l'état des récoltes, arrive de province ; il est mandé au conseil : il s'y rend avec le ministre de l'intérieur et dans la même voiture. Le ministre, qui avait son thème fait ne prend pas même la peine de mettre le sénateur au courant ni de lui distribuer le rôle qu'aucun des sénateurs favorisés du maître, et il en était un, n'aurait refusé de la main d'un ministre. Le conseil se tient ; le ministre lit son rapport, où tout était présenté de manière à tranquilliser entièrement l'empereur. Eh bien, M. le comte, dit Napoléon au sénateur, vous qui venez de voyager dans l'intérieur, comment vous ont paru les récoltes ? Sire, les apparences sont fort inquiétantes. Elles m'ont semblé au pire. « Voilà, s'écria Napoléon en levant brusquement la séance, voilà comme on me trompe ! » Le sénateur et le ministre remontent ensemble en voiture ; le premier fit à l'autre le reproche de ne lui avoir pas fait connaître son rapport, et discuta ensuite son contenu. « Que voulez-vous, reprit le ministre ; cet homme-là donne envie de le tromper, tant la vérité est habituellement mal reçue par lui. »

On ne finirait pas si l'on voulait énumérer la multitude d'affaires graves sur lesquelles il n'a jamais été délibéré en conseil de mi-

nistres. Il était de règle que les affaires étrangères n'y étaient pas traitées ou n'y passaient que pour la forme. Elles étaient exclusivement réservées à l'empereur dans son cabinet. On pense dès-lors comment les intérêts
de la nation au-dehors ont pu être discutés.
Ce n'est qu'après le passage du Rhin par les
alliés qu'il a fait connaître à son ministère les
ouvertures faites après la bataille de Leipsik,
et sur lesquelles la lâcheté, il faut le dire, la
trahison ont payé leur dernier tribut de servilité. Il dit un jour, et cela tout récemment,
au mois de janvier dernier, à la face de ses
ministres : « Qu'ils n'étaient que des scribes
chargés d'écrire sous sa dictée » ; et ses ministres, qui ne savaient que se pavanner de leur
place, jouir de ses revenus, abuser de sa
puissance, n'ont pas eu assez d'honneur pour
essayer de l'arrêter par une démission con-
certée, que des déclarations de cette nature
leur enjoignaient impérieusement, si le patriotisme ne pouvait la leur inspirer. Il tenait les
ministres et le conseil d'état dans sa dépendance par le sénat, au moyen des sénatus-
consultes, qui ordinairement émanaient de
son cabinet ; il se passait du corps législatif,
au moyen du sénat ; de tous deux, au moyen
du conseil d'état ; ce jeu de gobelets, auquel

la funeste constitution ds l'an 8 a été si favorable a commencé à son installation, et n'a cessé qu'avec son gouvernement.

Sous une semblable forme d'administration, Bonaparte avait effectivement partagé le despotisme entre lui et ses ministres ; et, à l'exception des actes qui lui étaient directement inspirés par ses confidens et ses correspondans, ou qui émanaient de sa fougue individuelle, on peut dire que les ministres étaient les véritables tyrans, et qu'il n'avait de la tyrannie que la parade et l'ostentation : jamais on n'a vu ni ne verra un gouvernement pareil. Il passait sa vie à signer, sur leur rapport, des propositions injustes, des décisions tyranniques, des projets subversifs de la liberté et de la prospérité de la nation. La chose signée, elle devenait sienne ; et il n'était pas rare de voir le ministre renier chez lui, dans la confidence, et déplorer un décret dont il avait minuté le matin le projet. Un ministre commettait un acte atroce, une injustice révoltante? cet acte aussitôt passait sous la haute protection de l'empereur, sans qu'il en sût rien. Vous plaigniez-vous ? c'était manquer à S. M. I. ; et en effet, Napoléon était tout prêt à punir le plus léger doute élevé contre l'autorité de ses ministres. Outre qu'un mys-

tère impénétrable couvrait leurs conseils ,
une impunité absolue les dégageaient pour
leurs propres actes, de toute responsabilité :
l'esclavage des sujets ne les rendaient pas même
responsables envers l'opinion. Si vous deman-
diez la réparation d'un tort qui vous avait été
fait par l'empereur (sur un rapport du ministre , bien entendu) la réponse était connue
d'avance. « Il faut que l'empereur me demande
un rapport! » Quelle tyrannie! quelle dérision
dans une pareille réponse! Quoi! le ministre
ne peut prendre l'initiative pour provoquer
une décision qu'il croira juste ou nécessaire
de faire rendre au souverain? Le fait est que
ce n'était qu'une manière d'écarter les importuns ou de défendre son propre ouvrage.
Les commis avaient la même réponse à faire
à ceux qu'ils voulaient éconduire. « Monsieur,
je ne peux faire un rapport sur votre demande, quoique le ministre me l'ait renvoyée ;
il faut qu'il m'en demande un ». Il fallait porter
au ministre une pétition, pour supplier son
excellence d'ordonner qu'il fût fait un rapport sur la première. Le ministre ren-
voyait de nouveau le second placet , et
même réponse de la part des commis. C'é-
tait là le cercle habituel qu'un Français
avait à parcourir pour apprendre à quel

maître, à quel gouvernement il appartenait !

Aussi rien n'égalait-il le dédain ou la violence qu'ils portaient dans leurs relations avec les sujets : leurs audiences publiques étaient une moquerie. Dans leurs lettres, ils parlaient en maîtres. Comme Bonaparte était leur griffe, ils étaient le plus souvent celle de leurs employés et les instrumens de leurs passions. Il y a tel ministre qui a ordonné à un négociant de lui envoyer des effets qu'il était question de lui acheter, que ce dernier ne voulait donner que contre le paiement effectif, ou des contre-valeurs quelconques. Tel autre qui a interdit la correspondance avec son ministère à une personne qui avait avec ce ministère des affaires non terminées. Je connais un homme puissant qui est allé menacer du bâton celui qui tenait à l'Opéra l'école de répétition des danseuses, parce qu'il s'était permis de punir, pour défaut d'assiduité, une figurante à laquelle s'intéressait son excellence. La permission d'abuser du pouvoir amène toujours ces excès. Comment éviter que les ministres n'obtiennent ou ne prennent cette permission ? Voilà le problème que nous cherchons à résoudre depuis vingt-cinq ans, et dont la solution s'éloignait de nous plus que jamais.

Promulgation des lois.

Une chose inaperçue et par laquelle la tyrannie de Napoléon s'est trouvée merveilleusement secondée, c'est la promulgation des lois par le bulletin. On ne croira jamais que ce soit à des jurisconsultes, qui sont arrivés au conseil avec une grande prétention à réparer les désordres de la révolution, qui se sont flattés d'avoir fait dans nos lois les corrections, les innovations les plus salutaires, qu'il ait dû l'heureuse invention du bulletin des lois, au moyen duquel il était dispensé de toute autre publication, et par là, d'exposer aux regards du peuple et aux réflexions de l'opinion les progrès de son despotisme. Dans les derniers temps, les décrets les plus subversifs de droits de la liberté et de la sûreté de la nation n'ont été insérés que dans cette collection, ce qui vaut à-peu-près à ne les point avoir publiés. Le premier devoir d'un gouvernement est de porter ses actes législatifs à la connaissance de ceux qu'ils obligent ; et peut-on dire que cette connaissance soit conférée aux sujets par un mode de publication, qui ne met dans la confidence que le petit nombre d'abonnés qui reçoit le bulletin ?

Du Sénat.

Il n'est pas nécessaire d'insister long-temps sur la nullité complète, absolue, à laquelle le corps législatif et le sénat ont été réduits. Le dernier, à qui sans doute il n'avait laissé le titre de *sénat conservateur* que comme une épigramme sanglante, loin de conserver les libertés publiques qui lui étaient confiées, n'avait pas seulement su défendre ses dotations. Il avait fini par se mettre dans une dépendance entière du trésor, et par lâcher sa part du domaine public, part qu'on l'aurait, avec plaisir, vu disputer au lion, parce qu'on y aurait trouvé une apparence de contre-poids à son insatiabilité. Il faut rendre à un grand nombre de sénateurs la justice, qu'ils rougissaient de n'être plus que la livrée de la tyrannie, et qu'ils aspiraient au moment où ils seraient licenciés de ce service ignominieux. Disons-le, enfin, celui qui a inventé le sénat *conservateur* et le corps législatif *muet*, peut se flatter d'avoir ouvert toutes les routes au tyran et à la tyrannie. Je sais qu'il faut l'absoudre du crime de cette odieuse complicité, dont la grande majorité du corps s'est souillée, et qu'il a protesté par le silence, pendant douze ans, contre cette série non interrompue d'usurpations qui lui arracha, dès le 17 brumaire, toute influence. Néanmoins, jamais conception ne devait livrer plus sûrement une nation à la discrétiou d'un maître que celle d'un pareil corps, et jamais machine ne remplit mieux sa destination.

Cependant, s'il y eût eu dans le sénat une étincelle de patriotisme et de courage, on aurait pu du moins arrêter Napoléon et l'empêcher d'arriver à cet excès de fureur qui l'a perdu. Quel courage fallait-il ? Celui de mettre une boule noire, et tout au plus, de risquer son expulsion. Pourquoi consentir à voter des hommes et de l'argent, et par-là concourir à la destruction du corps législatif ? Pourquoi ne pas s'opposer à une usurpation aussi manifeste? La vérité est que la grande majorité du sénat se prêtait avec une complaisance merveilleuse à la comédie qu'elle était appelée à jouer à chaque réunion, et aux usurpations dont elle était l'instrument très-volontaire. Il faudra léguer à l'exécration de nos derniers neveux ces hommes qui se sont offerts à la nation avec une réputation gigantesque de talens, et qui ont plus assiduement, plus industrieusement travaillé à river nos fers, et à dégrader et corrompre la nation, qu'il n'est jamais arrivé à aucun des employés les plus fameux de la servitude. Loin de nous, des talens qui permettent avec sûreté de conscience, et en marchant la tête levée devant ses concitoyens, d'encenser à ce point le Moloch du despotisme, et de l'enivrer tous les jours des plus fades et des plus grossières adulations! Fi de cette prudence, qui a permis que, pendant douze ans, le sénat ne reçût que des communications en style de dithyrambe, où le vague et le néant des choses et la moquerie de la consultation n'étaient rendus que plus saillans par la pauvreté des lieux communs. Le débitant habituel de ces carmagnoles du règne de Napoléon et que Bonaparte, par dérision sans doute, appelait l'orateur français, a, dit-on, reçu des gratifications énormes pour ce genre de discours. Je ne puis pas me persuader qu'il n'en ait pas renvoyé une bonne partie à quelque écolier de rhétorique du pays latin, qu'il devait avoir à la tâche, pour lui composer ces détestables déclamations.

Quelle qu'ait été la cause de cette nullité, le sénat s'est prêté à tout ce qu'on a exigé de lui pour élever l'édifice de la tyrannie. Il n'a jamais rien refusé, pas même de se prêter à couvrir l'audacieux mensonge de Napoléon et de son cabinet, sur l'acceptation des propositions que les alliés avaient faites pour la paix, après la bataille de Leipsik. Cette dernière farce politique a été jouée avec une gravité que l'histoire, il faut l'espérer, consacrera dans ses annales. Combien de réunions solennelles ont eu lieu pour mystifier, avec tous les honneurs dus à son rang, le premier corps de l'Etat ! Quelles dépenses de diplomatie de salon, de service, d'amphigouris de journaux , de *factums* confidentiels, de figures embarrassées par la crainte de laisser échapper le fond du sac, n'a pas été faite pour amener les pères conscrits à reconnaître qu'ils étaient dûment édifiés sur le rôle qu'ils étaient appelés à jouer, pour tenir en bride le corps législatif d'un côté, et imposer à la nation de l'autre ! Le sénat crut faire un acte extraordinaire de courage, en prononçant le mot de *paix* dans l'adresse qu'il délibéra à la suite du fameux rapport de M. de Fontanes ; mais c'était un cri d'accusation qu'il fallait unanimement, simultanément pousser contre un ministère criminel, contre la grande majorité d'un conseil privé non moins coupable, qui s'obstinaient à repousser toute idée de négociation. La destinée devait s'accomplir. Le corps législatif, avec lequel on devait se mettre en communication, fut délaissé, sacrifié, et Bonaparte fut libre de courir à sa destruction.

Felix culpa! s'écriera-t-on peut-être. Oui; mais ce sera toujours un devoir, lorsqu'on en a charge et mission spéciale, lorsqu'on est honoré et salarié pour le faire, d'enchaîner un fébricitant qui veut se précipiter, sur-tout s'il entraîne avec lui des milliers d'hommes, et s'il livre par sa fureur toute une nation aux plus affreuses calamités.

Le sénat était arrivé à n'avoir plus d'autres fonctions que celle d'enregistrer des ordres de Bonaparte; et c'était à ce genre de communications qu'il se témoignait si profondément touché. L'enregistrement des patentes était une autre charge dont il avait été ironiquement investi. Je ne parle pas de l'ironie plus sanglante qui avait créé dans son sein deux commissions, l'une pour protéger la *liberté individuelle*, l'autre pour protéger la *liberté de la presse.* Je ne sais pas si jamais, en vertu de ces attributions, un de ces commissaires a jamais pénétré dans le cabinet de M. Desmarets, le ministre effectif de la police générale. Ces *attributions conservatrices,* que dis-je! ces enseignes devenues odieuses à la nation, resteront-elles effectivement au sénat dans le nouvel ordre de choses qui s'annonce? Espérons que ces épigrammes sanglantes, qui ont préludé depuis l'an 8 dans nos constitutions et dans nos lois à la destruction de toute liberté; tant des personnes que de la pensée, ne seront plus reproduites, et que nous ne verrons pas débuter les Bourbons sous des auspices aussi funestes que ceux qu'on verrait dans la conservation de ces titulatures, où la nation est accoutumée à lire précisément le contraire de ce qu'elle y voit en écrit.

Le sénat a rendu des services dans l'immortelle journée du 31 mars, pour donner une première impulsion à la crise qui devait nous rendre à nos anciens rois. Ce concours, mais sur-tout le désir unanime d'éviter les déchiremens, feront oublier beaucoup de choses; mais sa réhabilitation dans l'opinion publique dépend de sa conduite ultérieure. Un grand nombre de ses membres sont odieux, moins par les erreurs et les actes que le fanatisme de la révolution a pu inspirer, que par le sang-froid, l'artifice avec lesquels ils ont servi à lier la nation, et par certaines indiscrétions échappées dans l'ivresse de la servitude. Que le sénat sorte du rôle destructeur que sa présence dans l'Etat, sans une participation active à tout ce qui est du domaine de la législation, lui fait jouer; qu'il ait le courage de rentrer dans le néant, plutôt que de se rendre un instrument pour préparer à la nation et à ses rois de nouveaux malheurs. On se demande déjà pourquoi, depuis le 31 mars, on n'entend pas parler de lui? Est-ce que les délibérations secrètes, les boules noires et blanches, le défaut absolu d'initiative, et toute la comédie des sénatus-consultes organiques, lus, délibérés, adoptés dans le jour, et suivis du repos, jusqu'à ce qu'il fût excité à de nouveaux enfantemens de ce genre; est-ce que cette comédie va continuer? Beaucoup d'actes ont déjà paru, auxquels on a vu avec peine les deux corps associés à la législation demeurer étrangers. Le sénat, qui a pu changer le gouvernement dans une de ses parties fondamentales et proclamer le rétablissement de l'ancienne dynastie et l'expulsion de la nouvelle, était-il donc impuissant pour nous donner sur-le-champ les deux garanties de la coopération du corps législatif et de la sienne aux actes législatifs du gouvernement provisoire? Voilà les questions que se font des esprits qui ne se laissent point séduire aux apparences; voilà les écueils sur lesquels le sénat court depuis le 31, mais dont il est instant pour la France, et pour lui, qu'il reconnaisse l'imminent danger.

Du corps législatif.

Le corps législatif, sous Bonaparte, était également annullé. Sa première organisation vicieuse, et vicieuse au dernier point, l'avait déconsidéré, et dès sa naissance on l'a successivement écarté de toute participation véritable à la confection des lois. Il n'y avait rien d'égal au mépris que le ministère avait pour ce corps. Un ministre à qui l'on demandait un jour une place pour un poète ignoré, et cela à l'époque de la composition du corps législatif, disait : « Sa place est toute trouvée, il faut le faire législateur. » Son titre fastueux et excessif, le salaire annuel donné à ses membres, la mauvaise méthode dans les choix, ont contribué à le ruiner dans l'opinion nationale, et sa nullité complète l'a achevé. Lorsqu'on prenait le parti de le réunir, on avait tout prêt, dans les bureaux du conseil d'état, quelque nouveau code ou quelqu'insignifiante loi dont la délibération devait lui servir de pâture. Ces projets discutés devant lui, à la manière des prédicateurs qui parlent seuls, par ce qu'on a ridiculement appelé les orateurs du tribunat ou du gouvernement, étaient la viande creuse dont on le nourrissait pendant la session.

Pendant qu'on amusait les représentans de la France avec ces communications, le torrent de la législation effective coulait avec une extrême rapidité à côté d'eux, sans qu'ils y prissent la moindre part. Si le budjet annuel leur était présenté, c'était dans une loi si générale, si vague, si insignifiante, qu'ils arrêtaient plutôt un état de recette ou de dépense, qu'ils ne délibéraient ou la dépense ou l'impôt. Cette manière d'opérer sera éternellement un modèle de mystification et de jonglerie. On a vu des noms fameux dans notre histoire ancienne et moderne, fameux il est vrai, par leur abnégation absolue de toute conscience et de toute spontanéité, présider gravement ces séances ou les députés de tout l'empire, chargés de défendre les intérêts de leurs commettans, défilaient processionnellement devant l'urne ou ils devaient, sous les yeux du président, laisser tomber leur boule blanche ou noire; cela s'appelait délibérer. On prétend que les ambitieux du corps avaient soin de montrer au président la couleur de leur boule avant de la laisser tomber. On ne peut refuser aux inventeurs de ce petit manége, le mérite d'avoir été très-ingénieux. Un rôle aussi ridicule ne pouvait pas donner aux députés la moindre influence; ils ne voyaient leur nomination , qu'il fallait emporter par une longue sollicitation auprès du sénat, que comme un moyen de gagner 10,000 francs par an , comme une facilité d'intriguer à Paris, pour leur famille ou pour eux. De l'influence auprès des ministres , ils n'en pouvaient avoir aucune. Leur autorité pour le redressement des griefs de leur département n'allait pas au - delà d'une admission à une audience bien formelle du ministre , et de la permission d'entretenir le chef du bureau que la chose concernait.

Avec d'aussi funestes alternatives de licence et de tumulte d'un côté de mort et de servitude de l'autre, dans nos représentations nationales, pouvions-nous espérer jamais d'en avoir une raisonnablement constituée ? Je dirai ailleurs les moyens qui me paraissent les seuls propres à nous faire trouver le sage milieu après lequel nous soupirons : mais je dirai du corps législatif comme du sénat : pourquoi cette nullité dans laquelle il s'est tenu, pourquoi le premier élément de la liberté publique, le premier gage de l'union intime et durable de la nation avec son roi, la coexistence des trois pouvoirs législatifs ; le roi, les pairs et le peuple par ses délégués, pourquoi cette création n'est-elle encore qu'en

Dechesne

perspective ? Sortons des illusions dont les rêves nous ont perdus : distribuer le pouvoir, voilà ce qui fait une constitution. Avant de tracer les orbites des divers corps qui composeront le système, que ces corps commencent donc par exister. Pourquoi sommes-nous encore au régime des arrêtés, des décrets législatifs ? Quand sortirons-nous de cette subtilité qui, pour notre malheur, classa les lois, il y a vingt-deux ans, en lois que le roi (ou l'exécutif) pouvait faire seul, et en lois qu'il devait faire avec le concours des autres pouvoirs ? Quant une fois cette distinction existe, tout est perdu : tout l'appareil, tout l'étalage des constitutions n'est plus qu'une fantasmagorie plus ou moins sérieuse, mais toujours destinée à faire illusion.

Malgré sa nullité, le corps législatif portait ombrage à Napoléon, et c'était la dernière destruction qu'il méditait de porter dans le frêle édifice de nos libertés.

Ses inspirateurs, ses travailleurs de toute espèce et de toute croyance, l'avaient richement pourvu d'argumens adressés à sa crainte ou à la corruption excessive de son cœur, et puisés chez eux à de pareilles sources pour justifier, pour presser ce dénouement. Lorsque son épouse, Joséphine, dans une occa-

sion mémorable, et pendant la guerre d'Espagne, alla au corps législatif, et que dans
un épanchement vraiment français, agitée
par la crainte que l'on éprouvait déjà sur
l'issue de cette funeste guerre, elle appela les
membres du corps législatif, *les représentans de la nation;* aussitôt les directeurs de la
conscience politique de Napoléon, chargèrent
les courriers d'observations alarmantes, de
présages sinistres sur la tendance de ce langage, que le style du gouverment impérial
ne pouvait autoriser. Il en était venu, on
l'avait amené à dire : *Sachez que la nation
c'est moi;* mot célèbre déjà, pour être échappé à un de nos monarques, et qui prouve
qu'il n'est pas nécessaire d'être né sur les degrés du trône, pour être étourdi, pour être
aveuglé par le pouvoir.

On l'avait persuadé que cet amas de sénatus-consultes qu'il avait dressés dans son cabinet et fait transcrire au sénat, étaient devenus une sorte de loi sacrée par laquelle,
comme le sénat romain l'avait fait pour le
premier César, tous les pouvoirs lui avaient
été transférés. Il crut avoir bien ravalé le
corps législatif en ne l'interpellant plus sous
le titre de *législateurs,* mais seulement sous
celui de *députés des départemens au corps*

législatif, et il ne vit pas qu'en lui ôtant l'oripeau qui le rendait ridicule, il accroissait sa considération. Après la funeste expédition de la Russie, soit que l'on craignît l'opposition du corps législatif, soit qu'on fût en retard pour le convoquer, on fit faire par le sénat une partie de la besogne des représentans. Le sénat s'offrit de continuer le rôle qu'il avait déjà souvent rempli de substitut du corps législatif, et vota, du 10 janvier au 3 avril, une levée de cinq cent trente mille hommes, y compris cette levée tyrannique des gardes d'honneur, qui a mis le comble à l'oppression personnelle et achevé de révolter les esprits ; et le corps législatif, réuni à la mi février, vota, non toutefois sans des symptômes non équivoques d'opposition, le budget de 1813. Ce budget était une dérision et une foule de décrets impériaux qu'on ne prenait même pas la peine de promulguer, avaient déjà augmenté secrètement l'impôt. A l'époque où, après la rupture du congrès de Prague, la difficulté de la position de Dresde se fit sentir, Napoléon pensa à convoquer le corps législatif. Il en fut dissuadé par le conseil de régence, qui lui fit voir dans cette convocation les plus grands dangers. Le moment de la destruction de ce corps arriva enfin.

Ce fut celle où l'excès du malheur, l'invasion de la France et une coupable obstination à continuer la guerre après la bataille de Leipsik, ne permit plus à l'assemblée qui se trouva recrutée d'hommes vraiment patriotes et sagement énergiques, de garder des ménagemens. C'est à cette époque, c'est par un rapport à-la-fois sage et mesuré, que ce corps a recouvré de la faveur auprès de la nation, et qu'il s'est réintégré dans son estime. Sans la noble résistance du corps législatif, sans le courage avec lequel il a démontré la fausseté, l'insincérité des démarches qu'avaient faites Napoléon et son indigne ministère pour négocier la paix, la nation française se serait couverte d'un éternel opprobre ; elle se serait vue menée à sa ruine sans qu'il se trouvât, au moins dans les autorités à qui la parole était donnée, un Français capable de ce qui, à notre honte, était regardé comme un grand courage, capable seulement de le voir et de le proclamer. On n'oubliera jamais le jour où Bonaparte, au milieu d'un silence morne et d'une indignation universelle, mais contenue par tout l'appareil de la terreur, a fermé les portes du corps législatif et s'en est fait remettre les clés. On n'oubliera point ni le rapport courageux dont la noble fermeté lui a semblé une révolte, ni cette lâche ou stupide sortie par laquelle le lendemain, lorsqu'il recevait les félicitations du corps pour le jour de l'an, il insulta à sa faiblesse et se prévalut de la terreur qu'il inspirait pour injurier toute l'assemblée. L'histoire doit conserver ce discours insensé qui encore a trouvé des flatteurs comme l'atroce et suicide mesure a trouvé des approbateurs et des conseillers. On ne croira pas qu'une nation qui prétend au mérite d'être une des plus éclairées du monde, ait jamais pu offrir au dévergondage habituel de brutalité et d'injures qui lui était familier, et dont ce monologue est un échantillon remarquable, un autre hommage que celui du silence, et qu'une foule d'hommes renommés chez elle par leur esprit, distingués par leur rang, aient pu pendant douze années prôner ces sorties comme le langage de la force d'esprit et de la grandeur. Quel commode gouvernement que celui où une mesure aussi criminelle que celle de la destruction du corps législatif, a pu être conseillée dans le mystère par un grand nombre d'hommes qui pourront encore prétendre à diriger nos princes et avec eux nos destinées ; et devrat-on garder le silence long-temps encore sur la perversité, sur la corruption profonde qui ont inspiré, appuyé, défendu ce dernier acte d'une usurpation effrontée ? Combien de gens se sont vantés d'y avoir participé, qui aujourd'hui voudraient ne s'être jamais trahis ! Espérons au moins qu'à l'avenir nous verrons la responsabilité des conseils ministériels assise sur la seule base qui en assure, pour le roi comme pour le peuple, l'efficacité ; sur la publicité des délibérations et la nécessité de défendre, à la face des sujets, ce qu'on a suggéré dans le mystère du cabinet. Espérons aussi que ni pour le nombre, ni pour la formation, ni pour la manière de procéder, il ne restera trace des sénatus - consultes ou des constitutions qui ont avili le corps législatif. Qu'il soit accru en nombre ; qu'il émane directement de la nation par le moyen d'électeurs dont les qualités seront sagement déterminées ; qu'il reprenne enfin la proposition et le débat des lois. On a entendu souvent des hommes de la révolution, dire que les Français réunis n'étaient pas en état de délibérer. Que ce blasphême à-la-fois ridicule et pernicieux reçoive un démenti formel. Sachons faire des lois propres à organiser la délibération, et nous serons, autant que tout autre peuple, habiles à délibérer. C'est l'organisation qui règle l'emploi des forces ; c'est également elle qui doit diriger le débat. Quand on a si bien su régler l'usage de l'une, ne peut-on réellement organiser l'autre ?

Bonaparte, avant ce coup d'état, comme l'appelle le jargon corrompu de la politique italienne, en méditait un autre. Tout le monde était prévenu qu'il voulait se faire donner le nom de dictateur à l'ouverture du corps législatif, idée ridicule au dernier point, puisqu'il l'était effectivement. Mais en homme sorti des factions et des orages d'une ré-volution, où les mots ont eu beaucoup d'em-pire, il croyait que le mot dictature aurait un grand effet ; cependant il paraît qu'il fut obligé d'y renoncer. Il y fut avisé par de pro-fonds politiques qui observèrent avec une sa-gacité digne de leur réputation, qu'il fallait faire la chose sans le dire ; qu'on pouvait prendre les clés du sénat dans la poche, et que cela était même fort nécessaire, mais qu'il était inutile de se faire donner le titre. C'est ce qu'il fit ; et le sénat, qui le croirait ? le palais du sénat lui-même, fut depuis ce temps gardé à vue.

Avec un défaut aussi absolu de contre-poids et de constitution, que pouvait-on at-tendre dans l'organisation du gouvernement ? qu'une perpétuelle instabilité. On ne s'étonne plus, après cela, de la confusion où ce gouvernement était tombé. Les prétendues lois fondamentales de l'empire donnaient entrée au sénat et au conseil d'état aux princes de sa maison ; ils ne pouvaient y venir sans y être convoqués. Il créa la régence pour tendre à l'Autriche un piége grossier. Tout est bouleversé dans cet édifice monstrueux.

De la régence.

La régence est organisée pour sa vie et pour le cas de sa mort à-la-fois ; les dispositions de l'une et de l'autre s'enchevêtrent de la façon la plus inintelligible. Sitôt après la création, il la met, en apparence, en activité pendant son absence de ses états ; mais on voit qu'effectivement le gouvernement continue de courir la poste avec lui, et les décrets de pleuvoir de tous les lieux où stationne son armée. Pour continuer d'en imposer à l'Autriche, il a conservé à l'Impératrice la régence même après sa rentrée sur le territoire français et au début de cette dernière campagne ; de sorte que la France avait deux gouvernemens, un au camp de Napoléon, et l'autre à Paris. Avec quelle connaissance de cause pouvait-il décider au milieu de l'activité incessante d'une campagne où il commandait en chef? L'impératrice n'avait réellement à signer que des choses insignifiantes; et les intentions définitives de Napoléon, consignées dans un livre nouveau ridiculeusement appelé *livre d'état*, la réduisaient au rôle de la plus parfaite nullité. Il a cru pouvoir disposer, après sa mort, de la régence, oubliant que les lois indestructibles de l'intérêt public, qui, depuis des siècles, ont réglé cette matière et fait rompre le testament de Louis XIV, ne se tairaient assurément pas devant ses volontés.

On n'aurait pas cru qu'il fût possible d'ajouter à ce que cette régence avait d'anomal et d'absurde dans la pratique comme dans la conception. C'est cependant ce qu'il fit, lorsqu'il déféra à son frère Joseph la lieutenance générale. Ce n'était qu'un élément de division de plus qu'il jetait dans son gouverment : on ne savait effectivement pas quelle était, dans cet amas inchoérent de pouvoirs, la personne ou l'autorité qui fût réellement le dépositaire de sa pensée. Joseph était le contrepoids de l'archichancelier, qui l'était de l'impératrice et de Joseph; et l'impératrice était là pour la forme. La fidélité, c'est-à-dire la stupeur éprouvée de M. de Champagny, lui avait mérité l'emploi très-important d'être la plume de ce grave conseil, et d'avoir la garde

du *livre d'état*, livre que la postérité désirera
connaître. J'imagine qu'au fond M. Cambacé-
rès avait le secret du maître, et ce secret était
de ne rien faire, même dans les momens les
plus difficiles, et de reférer de tout au quar-
tier-général. Personne assurément n'était plus
digne que lui de recevoir une aussi difficile
mission.

A l'œuvre, cette régence bizarre répondit
parfaitement aux vues de son créateur, et
des génies qui l'avaient façonnée. On vit le
Moniteur donner, sous la signature de Napoléon et celle de M. de Bassano, des décrets assassins qui ordonnaient aux sujets,
sous peine d'exécution militaire, de se lever
en masse pour un gouvernement qu'ils abho-
raient ; et ces mêmes décrets paraître au *Bulletin des lois*, seulement comme des copies
conformes certifiées de M. de Champagny. Ceci
n'est que risible de bisarrerie. Mais ce qui est
plus sérieux ; ce qui donne à toute la France
le droit de demander un compte sévère aux
ministres et aux membres de ce gouvernement, c'est la nullité coupable dans laquelle
ils se sont retranché le 30 mars, lorsque
l'impératrice est partie avec l'archichancelier.
Quel parti a-t-on pris pour le cas où Paris
ne pourrait résister ? Lorsque la prise de

Paris s'est montrée inévitable, quelle résolution conservatrice a-t-on délibéré pour cette immense cité, dont on savait bien que le gouvernement municipal, dans l'état de désorganisation où il a été jeté, comme celui des autres villes, ne pouvait rien faire ? Les ministres n'ont rien fait, rien arrêté ; ils ont fui de trois à quatre heures de l'après-midi, abandonnant Paris à lui-même, et ne laissant pas même au duc de Raguse ni à M. le général Moncey, une ligne d'autorisation, ne faisant pas même parvenir une ligne d'avis au préfet, pour que quelqu'un pût au moins faire ce qu'exigeait la circonstance. Ce délaissement, sans exemple, trahit la conscience du gouvernement ; il montre qu'il se regardait comme n'occupant le pays que par la force, et que jamais il n'entra dans son esprit une pensée de devoir ni de paternité envers le peuple qu'il avait conquis.

Du Domaine extraordinaire et autres extravagances.

Le chaos qu'il avait jeté dans l'hérédité du trône, il l'avait porté dans le domaine. A qui la France doit-elle de la reconnaissance pour l'invention du domaine extraordinaire ?

A qui faudra-t-il en faire honneur? Sans doute à cet avocat Rennois, qui n'est entré dans nos finances et sur toutes nos affaires que pour y porter la violence et l'injustice, et qui n'est jamais demeuré en arrière des désirs de son maître. Ce sera une honte éternelle pour les jurisconsultes français que cette institution. Tous les parlemens de France autrefois auraient subi l'exil plutôt que d'y consentir. Le domaine extraordinaire aurait fini par absorber tout le revenu et tout le domaine public qui auraient échappé aux deux autres domaines impériaux créés sous le nom de domaine privé et de domaine de la couronne. Il était de principe que toutes les conquêtes lui appartenaient. Des provinces entières faisant partie de l'empire ; des états dont le sort était indécis ; le produit des licences, des monopoles, des confiscations qu'il exécutait dans toute l'Europe en formaient déjà le fond. Il fallait bien, après une aussi monstrueuse loi, qu'on versât jusqu'à extinction le sang de la France pour mettre toute l'Europe, que dis-je, tout l'univers en dotation ; il n'en fallait pas moins pour rassasier la voracité de cette caisse et celle des favoris qui en recevaient les distributions. C'est ainsi qu'avec, et malgré toutes nos conquêtes et les immenses contributions qu'elles ont produites, nos impôts se sont doublés depuis l'avènement de Napoléon. Je ne doute point que l'idée ne fût déjà venue de mettre toute la France en fief, et de l'attacher à ce domaine par des redevances annuelles; et l'on n'aurait pas manqué de graves auteurs qui, après avoir, à quarante ans, voulu réduire la liste civile de nos rois à la plus stricte exiguïté, après avoir ensanglanté la France pour détruire les droits féodaux, même ceux de la plus indisputable propriété, auraient, à soixante, prouvé la nécessité de reconstruire cet édifice et de le reconstruire pour former, avec les fruits de la conquête, un trésor fabuleux. Ces suppositions paraissent gratuites et exagérées. Mais n'oublions pas à quel point Bonaparte et son gouvernement aimèrent le gigantesque et le monstrueux, et à quel point, écrivains, artistes, conseillers officiels ou secrets, l'en ont endoctriné jusqu'au dernier moment. N'allait-il pas en Russie pour se rabattre sur l'Inde ? N'aurait-il pas écrasé tout un empire pour exécuter, dans un délai prescrit par le caprice, une route ou un canal dont on l'aurait engoué ? Avons-nous oublié ces temples de la gloire, ces monumens colossaux élevés sur les Alpes, ces arcs triomphaux hors de mesure, cette foule d'embellissemens ordonnés comme ils le seraient dans les Mille et une Nuits, et la France et l'Europe appelés à les exécuter aux dépens du bonheur et de la vie de toutes leurs populations ?

Tout ce qui était extraordinaire, hors de toutes règles connues, soit dans la politique, soit dans l'administration, il était accoutumé à le considérer comme taillé à sa mesure. Ne nous a-t-il pas officiellement appris, le 17 décembre derniert, oute la littérature *salariée et corrompue* des journaux ne nous a-t-elle pas révélé cinq ou six fois auparavant, qu'il s'était chargé *du bonheur du monde ?* Croira-t-on que cette locution familllière, usitée en parlant d'un homme dont les opinions blessent le sens commun ou les nôtres, que cette phrase : *il est fou,* il l'ait appliquée sérieusement pour faire enfermer, pour interdire des citoyens ? M. de Lalande, qui radotait plus qu'il ne professait l'athéisme, a été, sous ce prétexte, exclus pour ainsi dire de l'Institut. Il en a fait jeter d'autres dans les cellules de Charenton, qui, peut-être, y sont morts; enfin, le duc d'Abrantès, Junot, est mort furieux de l'arrestation arbitraire, violente, sans instruction ni forme de procès qu'il lui a fait subir sous le prétexte qu'il était aliéné. L'histoire de ce règne, si elle est écrite avec fidélité, passera pour fabuleuse ; et ce qui le paraîtra surtout, c'est notre patience à le soufrir, et notre bassesse à l'admirer.

Du Conseil d'Etat.

L'instrument le plus actif, le plus efficace de la tyrannie du gouvernement de Napoléon, a été le conseil d'état. Ce corps , destiné , dans l'intention des inventeurs , à détruire la représentation nationale et à restreindre et la considération et l'autorité des corps judiciaires , a parfaitement répondu à l'attente qu'on s'en était formée. Ses membres sont des commissaires salariés, qui n'ont d'emploi et de traitement qu'autant qu'ils sont portés sur une liste d'activité, dressée chaque trimestre. Dès-lors, la complaisance qu'ils montrent pendant les trois mois qui s'écoulent, est la mesure et la règle de leur sort dans le trimestre suivant. Il fut bien dit à l'origine, qu'au bout de cinq ans ils seraient conseillers à vie ; mais outre que cette disposition fut bientôt éludée par les listes de trimestre, et qu'au moyen de ces listes un conseiller à vie qui n'y est point porté, est aussi étranger au gouvernement que qui que

ce soit, et ne touche qu'un secours de grâce
et de faveur ; la sanction de cette durée n'é-
tant que dans le caprice du maître et dans
celui des ministres et des grands dignitaires,
il n'a pas été difficile de se débarasser dans
la pratique de cette incommode barrière.
Le conseil, qui s'est si souvent rendu l'instrument de l'arbitraire envers les sujets et envers les autres corps constitués de l'état, n'a
point hésité à le devenir envers ses propres
membres ; et la destitution de M. Frochot, à
la suite d'une procédure qui fait rougir, nous
apprend quel cas il fallait faire de cette prétendue pérennité.

Ce corps, au reste, est une des créations
anomales de la révolution qui a le plus favorisé
le despotisme, en faisant jouer aux regards
de la nation un ombre, un fantôme de discussion et de contre-poids dans le gouvernement. Mais quelle autorité avait-il pour balancer, je ne dis pas les volontés de l'empereur, mais celle des ministres ? il n'en avait
aucune. Il semblait au premier abord, avoir
au moins été créé dans ce dernier but. Mais
les ministres ont bientôt trouvé le moyen de
prévenir Napoléon contre le dangér de ce
contrôle de pure discussion. Rien n'était plus
illusoire que ce contrôle, et rien n'est plus

insultant que la manière dont l'exercice lui en était interdit. Les ministres obtenaient le plus souvent pour leurs projets favoris, qu'ils ne lui fussent pas renvoyés. On n'a qu'à voir au bulletin les décrets qui n'ont pas le protocole de la présentation au conseil, sans parler de ceux qui n'ont jamais été promulgués. Souvent les décrets étaient lus, et la séance était levée avant qu'il fût permis d'en délibérer, ou bien on était informé par le président que le décret qui venait d'être lu était une mesure politique que l'empereur n'entendait pas soumettre à la discussion. C'est ainsi que s'interprétent les mots *le conseil d'état entendu.* Cette interprétation, dont le mérite appartient sans doute à quelque grand jurisconsulte du conseil, rappelle celle qu'un de ces jurisconsultes, un des rédacteurs (je devrais dire des compilateurs les plus actifs du code) a donnée au texte de la loi, qui veut que l'assemblée générale des actionnaires de la Banque *entende* le compte annuel de l'administration. Cet avocat profond a trouvé qu'ici *entendre,* voulait dire écouter, et il est constant, que depuis qu'il a présidé ces assemblées, les actionnaires pleins d'un juste respect pour ce commentaire, n'ont jamais osé sortir du cercle modeste qu'il traçait à leur examen. Au reste, la délibération n'était plus qu'une vaine forme. Les conseillers d'état à département, ou ceux attachés à quelque titre que ce fut à un ministère, pouvaient-ils avoir une opinion contraire à celle de leur chef qui, avec l'accès continuel près de l'empereur, avait le pouvoir, au moyen d'insinuations toujours si promptement accueillies par une autorité toujours ombrageuse, et toujours inquiète au milieu du mystère qui l'entourait, de rendre suspectes les meilleures intentions, et de travestir les opinions les plus saines? Un simple conseiller d'état aurait-il osé attaquer sérieusement un projet ministeriel? il n'aurait pas osé le faire. Les discussions n'étaient donc et ne pouvaient être que des ergotages insignifians. D'ailleurs, la distribution des affaires par section, imaginée sous le prétexte de diviser et de faciliter le travail, était une manière de neutraliser le conseil lui-même, et de le réduire à la plus complète nullité. Un parti une fois arrêté dans une section, la discussion au conseil n'était et ne pouvait être que de forme. Comment en aurait-il pu être autrement? Jamais, avant d'aller au conseil, on n'était prévenu de l'ordre du jour. Il était par conséquent impossible d'être préparé sur rien. La communication des pièces si nécessaire pour asseoir un jugement sur les affaires, gissant en chiffres ou en faits, et qui n'était déjà que très-imparfaite pour la section, était nulle pour le conseil général. Il en résultait que les questions de finance même n'étaient discutées que pour la forme. Pas un budjet annuel, ni un compte administratif des ministres n'a été approfondi ni pu l'être, et d'ailleurs cette nature d'affaires était réservée à des commissions spéciales, espèces d'instrumens dont la création avait été suggérée comme moyen d'empêcher que le conseil ne s'immisçât dans les affaires administratives. Les ministres aussi jaloux de leur visirat que Napoléon de son despotisme, étaient parvenus à faire comprendre que le conseil ne pouvait, sans le plus grand danger, être initié à la conduite de l'administration, et sous ce prétexte, ils empêchaient qu'on ne lui renvoyât autre chose que des projets de décret sur les matières qui leur semblaient demander qu'on en rendît. C'est ainsi que tant de décrets ou de décisions d'une tyrannie révoltante ont été rendus. C'est ainsi qu'on a vu les munitionnaires généraux des armées constitués en 1807, sans forme de procès, en débet pour des millions contre lesquels on ne voulait pas même compenser ce qui leur était dû ; c'est ainsi qu'a été rendu le décret qui fermait la liquidation, et qui n'a pas même été rendu public, et qu'ont été prises tant d'autres décisions qui, sous prétexte d'être des décisions de gouvernement, étaient soustraites à toute discussion.

Comme les institutions produisent de toute nécessité des pratiques analogues à leur nature, et que si les hommes corrompent les établissemens, les établissement corrompent non moins sûrement les hommes, il s'était établi dans le conseil une habitude d'accommoder les affaires au lieu de les discuter. Un ministre qui avait à faire passer un projet favori, et qui n'avait pu obtenir une signature du cabinet, appelait chez lui les conseillers de la section qu'il croyait capables d'y faire les objections les plus fortes, et tâchait de les amener à son idée : cela fait, il était sûr de la section. La discussion au conseil n'était plus qu'une comédie jouée devant l'empereur, ou son représentant l'archichancelier, qui étaient ainsi tenus dans une parfaite ignorance de la question. Avec une telle manière de traiter les affaires, un homme d'honneur n'avait que la ressource du silence. On savait quelles affaires étaient devenues le domaine de tel ou de tel rapporteur, et il était entendu qu'on devait les lui passer. Les ministres entr'eux se passaient tout au conseil presque sans examen, excepté quand il s'agissait de revendiquer une attribution; c'est alors qu'on aimait à se donner le mérite d'une gravité ridicule, à disputer vivement sur des riens, pour relever, par une ombre d'indépendance, le silence qu'on gardait, par l'inspiration de la même bassesse, sur les objets vraiment importans.

Si jamais il y eut une organisation destructive à-la-fois de la véritable autorité du prince et de la juste et nécessaire influence de la nation sur ses affaires, c'est celle du conseil d'état, considéré comme participant à l'administration et à la législation. L'opinion publique était pour lui comme non existante; il ne pouvait ni ne voulait la connaître, et cette opinion n'avait aucun moyen de prévenir de mauvaises lois ni de les faire redresser. Quelle garantie d'un autre côté, peut avoir le prince, au milieu d'un corps aussi dépendant, moins encore de lui que des caprices, des passions, des manéges de ses ministres, qu'il ne devienne pas la victime d'un silence ou d'une discussion également concertés, pour lui cacher la nature et la tendance des mesures que ces ministres lui proposent? Comment l'empéreur Napoléon pouvait-il être averti des inconvéniens ou de l'opression qui pouvaient résulter d'un décret qui lui était proposé ? Par la presse ? toute discussion sur les intérêts publics lui était interdite, et cette interdiction avait des effets qu'elle n'aurait jamais pu avoir sous l'ancien gouvernement. Il y eut bien, au milieu du règne de Louis XV, un ministre qui fit ordonner, par un édit public, que l'on ne pouvait imprimer quoique ce fût de relatif à l'administration. C'est là une de ces révélations de la tendance du gouvernement au despotisme qui ont préparé les scènes dont les excès nous ont accablé, et dont nous voyons les suites. Mais, cela n'empêchait pas que les parlemens n'attendissent au passage la besogne des ministres, et souvent ne les arrêtassent tout court. Un pareil frein ne permettait pas de surprendre le roi, de le mettre dedans, qu'on me passe l'expression, par des simulacres de débat dans les conseils divers, dont la réunion formait l'ancien conseil. Quand le prince manque envers ses ministres du frein de la presse, le seul efficace pour le garantir contre les coalitions qui sont inévitables, même dans les corps qui agissent en public ; il lui faut au moins un contradicteur quelconque, qui révèle ce que l'ignorance ou l'intérêt, ou la faction pourraient vouloir leur cacher. Il n'y avait aucun frein de ce genre en France ; le conseil n'était donc qu'un fantôme, une ombre de délibération qui a servi le despotisme au-delà de ses intérêts, et peut-être même de ses desseins.

Dans la partie judiciaire de ses attributions, le conseil d'état n'a pas eu des résultats moins funestes. On l'a investi de bonne heure de ce qui s'est appelé depuis la révolution, juridiction administrative, espèce d'attribution monstrueuse qui porte, comme une foule de nos créations modernes, un caractère vague dans sa définition qui en fait le vice essentiel. Cette espèce de juridiction est bien le fruit de la distribution vicieuse des pouvoirs du gouvernement que nous devons à l'assemblée constituante. Mais ce n'est qu'après elle, sous le directoire, et lorsque le mépris qu'on commença d'afficher pour l'autorité judiciaire et dans lequel on la plongea, s'annoncèrent sans réserve, qu'elle prit quelque forme. Tant qu'elle fut réservée au corps législatif, elle s'exerça avec peu d'inconvéniens, à cause de la publicité du débat. Mais c'est avec le gouvernement consulaire qu'elle est effecti- vement née, et, sous le gouvernement impérial, elle a fait les progrès les plus alarmans dans toute la France. Cette juridiction est confiée aux préfectures, et le conseil d'état l'exerce, par appel, sur leurs jugemens, et en première instance, contre les décisions des ministres.

On est encore à savoir, au conseil même, ce que c'est que cette juridiction, qui depuis a été appelée le contentieux administratif. Jamais l'axiome de droit, *omnis definitio periculosa* n'a été plus vrai que dans cette machine, dont l'action dépend de la question de savoir ce qui est ou n'est pas de *justice administrative*. L'idée seule de réunir ces deux mots dans le sens technique, c'est-à-dire pour signifier une attribution judiciaire, n'a pu naître que dans des esprits où toutes les notions étaient bouleversées, et si Dumoulin ou Daguesseau, ou Montesquieu lui-même, quoiqu'un excès de philosophie spéculative lui fasse perdre de son à-plomb comme jurisconsulte, revenaient parmi nous, il leur faudrait du temps pour comprendre que les idées et les établissemens de droit ont été subvertis en France au point que cette phraséologie a pu être proposée et adoptée par des magistrats ou des avocats de nos anciens parlemens. Toute juridiction se compose ordinairement d'espèces précises. En traitant les matières de droit les auteurs les divisent bien en diverses natures : ils ont de même distingué plusieurs espèces de juridictions, mais ces divisions ne sont qu'une méthode d'étude ou d'enseignement. En France nous avons un tribunal, et c'est le premier ou du moins le plus puissant de tous, qui attire à soi de plein droit tout ce qui est *contentieux administratif.* Voilà sa juridiction ; on le donne aux plus habiles à la définir. Cette définition n'est point encore trouvée, et le secrétaire du conseil d'état est encore occupé à la chercher.

Quoiqu'il en soit, et comme par suite de sa jurisprudence, il semble avoir pris pour base que toutes les matières où l'état et les corporations publiques de l'état sont partie, entrent dans cette attribution, il en résulte que dans toute l'étendue de la France, les citoyens sont soustraits à des jugemens vraiment contradictoires, livrés à de véritables commissions, dans une foule de questions qui intéressent leur honneur et leur fortune. Comment cette juridiction débuta-t-elle ? On se rappelle encore de l'inhibition violente que fit le conseil à M. Bergasse en l'an 9, à l'occasion d'un mémoire courageux que ce juriconsulte publia sur une affaire, dans laquelle sa partie plaidait contre un ministre. On a cherché à mettre quelqu'ordre, quelque débat au moins, dans cette juridiction anomale et exorbitante, par la création des commissions de haute police quant au criminel; et quant au civil, par celle de la commission du contentieux qui fait fonctions de premier juge, et soumet ses arrêts au conseil. Mais on sait que cette dernière revision est de pure forme, à moins qu'il ne s'agisse d'une personne assez puissante ou assez bien liée pour intéresser un conseiller d'état à son affaire. Ces jugemens sont l'effet d'un *transéat* continuel : l'appel du rôle, à l'ouverture de l'audience d'un tribunal, n'est pas plus inapperçu que ne le sont, les trois quarts du temps, ces affaires de *jugerie,* comme le dit élégamment le langage inventé pour précipiter la justice dans le mépris où elle est tombée ; et l'instruction comme la préparation des affaires étant à peu près abandonnées aux jeunes auditeurs , c'est une justice rendue à peu près *ex æquo et bono*, d'après les lumières naturelles, qui seules ne conduisent le plus souvent qu'à l'injustice ou à l'erreur. Comme jugeant à huis clos, la juridiction n'est pas contradictoire; comme ne rendant point publics ses arrêts, elle n'est pas tenue de suivre une jurisprudence cons-

tante, ce qui est un des inconvéniens les plus
à redouter. Je sais que dans les derniers temps
on a publié au bulletin des lois quelques arrêts de la commission du contentieux ; mais,
outre que ce n'est point là leur place, et que
c'est les assimiler à des actes de législation ,
la chose est partielle et nouvelle à la fois. Les
jugemens sont rendus sous la forme ordinaire
des décrets, et approuvés du prince, ce qui
suppose que celui-ci agit dans cette matière
comme dans les actes de législation ou d'administration ; c'est-à-dire qu'il approuve ou
désapprouve suivant que cela lui convient ;
c'est-à-dire qu'il juge seul , ce qui est le
comble du despotisme dans le pouvoir judiciaire. Les arrêts du conseil du roi n'étaient
point rendus sous cette forme, et aucun de
nos chanceliers n'aurait assurément pensé à
la proposer. La juridiction en elle-même enfin
est monstrueuse ; elle est fondée sur un bou-
leversement de toutes les notions de droit,
reçues en France comme dans tous les pays
qui peuvent se glorifier d'une justice régulière.

Toute vicieuse qu'elle soit , considérée
comme moyen de soumettre à une sorte de
contradiction les actes des ministres qui agis-
saient sur les personnes ou sur les propriétés
des particuliers , elle a suffi pour les alarmer

sur la plénitude de leurs pouvoirs. Ils savaient quand ils le voulaient, s'y soustraire par un rapport direct à l'empereur, en demandant et obtenant le renvoi immédiat au conseil. Alors l'affaire, suivant le jargon dont notre dictionnaire politique s'est accommodé depuis quelque temps, était jugée *administrativement*, c'est-à-dire sans la contradiction de la partie intéressée. Vainement un conseiller voulait-il exiger le renvoi à la commission du contentieux pour faire jouir les parties du bénéfice des communications et du débat par mémoires. Il est passé en règle, et l'archichancelier l'a décidé seul et souverainement, qu'il ne peut y avoir de question de compétence au conseil, attendu que le renvoi de l'empereur (c'est-à-dire du secrétaire d'état) la décidait. C'est à coup sûr une des maximes les plus violentes et les plus extraordinaires qui jamais ayent été professées. C'est celle qui fait la base de la justice par commission, dont, avant que vingt-cinq ans de révolution n'eussent perverti nos esprits, toute la nation avait conservé une sorte de religieuse horreur. Un recours contre une décision ministérielle ne peut avoir lieu au contentieux, que sur l'introduction d'un ministre. Attendez donc qu'un ministre consente à se mettre en débat!

Chose remarquable, on pouvait se pourvoir contre un décret de l'empereur ; mais non pas contre une décision ministérielle ! Et comme la plus grande partie des affaires introduites au conseil étaient en appel sur des arrêtés de préfets, le plus souvent autorisés par les ministres, c'était pour prévenir ces débats qu'on prenait une décision ministérielle, ou qu'on en obtenait une impériale. Avec cette marche, les ministres et leurs commis se débarrassaient de toute discussion, de toute révélation possible, des mesures les plus arbitraires et les plus iniques ; car, qui peut mieux révéler la mesure arbitraire que celui qui l'éprouve ? Un fonctionnaire revêtu d'une grande place disait un jour, à l'occasion de cette manière d'esquiver ou plutôt de violer la juridiction de la commission du contentieux : « Croyez-« vous que nous veuillions nous aller mesu-« rer avec toute la bazoche des avocats au « conseil ? Est-ce que la dignité des ministres « le permet ? » Ce langage, qui était l'expression de la façon de penser de tout le ministère, est-il assez effrayant !

Que pouvait-on attendre d'un tribunal aussi dépendant dans ses membres, aussi arbitraire dans sa constitution ? De la justice telle quelle, je l'imagine, toutes les fois que les juges, premiers ou seconds, n'étaient pas arrêtés par l'intérêt du fisc ou par une volonté du gouvernement; aussi, que de décisions iniques ont été rendues ou maintenues par lui, et ont fait gémir dans le secret ceux de ces membres qui avaient assez de conscience pour se dire, comme le disait un membre de la convention: « Je suis las de ma part de tyrannie. » Le droit commun proscrit les intérêts des intérêts; le domaine les perçoit, et le conseil l'approuve. Une personne a été condamnée à payer deux fois l'enregistrement pour deux ventes du même immeuble, faites par erreur en deux endroits simultanément; ventes, dont une seule a été valable. Dans les derniers temps, on pensait à donner au conseil d'état une attribution immense par la proposition qui a été faite, et qui allait infailliblement passer, de donner au domaine l'administration de toutes les successions vacantes. Quelle carrière à l'avidité des agens du fisc, et à la disposition constante du conseil à favoriser le trésor aux dépens de la justice la plus évidemment due aux sujets! Au reste, c'était pour les ministres une chose on ne peut plus désagréable que la faculté accordée aux parties de produire et distribuer des mémoires imprimés au conseil. M. Paulet, avec qui le ministre de l'intérieur avait, en 1810 ou 1811, fait un marché pour l'approvisionnement de Paris, ayant vu son marché cassé, se pourvut au conseil par un mémoire ferme, et cependant respectueux, pour y réclamer des indemnités. Le ministre s'en plaignit à Napoléon, qui proposa sur - le - champ d'interdire l'impression des mémoires des parties. Le moment favorable ne parut pas encore venu pour achever l'énormité de la procédure au conseil.

Dans ses attributions, comme cour criminelle ou de haute police, quelle juridiction fut jamais plus arbitraire, plus étrangère aux formes protectrices, sans lesquelles il n'y a point de jugemens ? Le conseil a rendu trois jugemens connus dans cette matière ; il a jugé et condamné à la destitution M. Artaud, secrétaire d'ambassade à Florence, pour avoir eu des communications directes avec la reine d'Etrurie, hors la connaissance de l'ambassadeur. J'y ai été jugé, et condamné, de même à la poursuite de M. Decrès, ministre de la marine, pour une gestion de cinq années, aux Etats-Unis, dans laquelle j'avais cumulé les fonctions ministérielles, comme chargé d'affaires avec celles de consul général ; M. Frochot, enfin, a été destitué par le conseil pour sa conduite dans la conspiration de Mallet, dont le succès aurait épargné à la France bien des malheurs ! «C'est moi qui l'ai tué, » disait le conseiller d'état qui a fait le rapport sur M. Artaud. «La décision venait d'en haut, » me dirent plusieurs conseillers honteux et affligés de celle qui fut rendue contre moi. Quant à M. Frochot, la procédure inouïe, à la suite de laquelle il a été cassé, acheva de mettre le comble au caractère des formes de la juridiction du conseil en pareilles matières. Qu'a-t-on prétendu par cette théorie tout-à-fait nouvelle, des destitutions ? Les places sont ou amovibles ou à vie. Celles dont il s'agit n'étaient que des places amovibles. Dès-lors le gouvernement devait à peine une explication aux trois agens qu'il destituait. La procédure qu'ont imaginée les jurisconsultes du conseil qui ont organisé cette nouvelle juridiction, ne peut donc avoir pour objet que de flétrir ; et cependant ils ont dit dans leur décret de création, que l'objet de l'attribution était de juger s'il y avait lieu à mettre les accusés en justice réglée. C'était donc un contre-sens ridicule, une usurpation gratuite, une surabondance de persécution, que ces jugemens, sur-tout si l'on considère qu'ils destituaient des gens à qui déjà leur place était ôtée. Avec cette forme de procéder, si elle pouvait être maintenue, tous les fonctionnaires publics seraient à la merci de juges commissionés et salariés au trimestre; ils seraient dépourvus des garanties assurées par l'indépendance des juges, au dernier des sujets. Voilà l'édifice que l'élite de notre barreau et de notre magistrature, ont élevé! Les résultats répondaient à l'intention du fondateur. «Que je vous plains, me disait, avant mon jugement, un conseiller d'état, qui, avec le tort d'avoir été un des plus ductiles instrumens de la tyrannie, avait cependant au conseil une sorte d'indépendance pour défendre les faibles, «Que je vous plains, « Monsieur: dans le conseil d'état, c'est à qui « présentera à l'empereur des coupables.» «Que voulez-vous, disait un autre, qui depuis lors (en 1807) ne s'est jamais lassé d'exercer sa part de la tyrannie, tout en ne se dissimulant pas qu'il y poussait de toutes ses forces, « Il « vous est arrivé ce qui arrive sous un gou- « vernement absolu. » Quelle consolation de la part de magistrats! Quel degré de brutalité que celui d'un gouvernement dont les agens vous disent : « Il est bien vrai, mon cher, nous ser- « vons un tyran, et je vous quitte pour aller « lui suggérer de nouveaux actes de tyrannie, « dont j'espère faire mon profit en argent ou

« en honneurs. C'est un métier affreux, j'en
« conviens; mais c'est mon état. » N'est-ce pas
là le langage de ces conseillers un peu déve-
loppé ?

Le moindre vice de cette espèce de jugemens, ceux de haute police, c'est que les rapports sont distribués au conseil sans être
communiqués au fonctionnaire inculpé. La
loi qui organise cette partie de la juridiction
ne le défendant pas, on croirait que de
droit cette communication aurait paru nécessaire; point, M. l'archi - chancelier, et
qui serait - ce si ce n'est lui, avait décidé le
contraire. On avait de même décidé que le
fonctionnaire inculpé, entendu dans sa défense, s'il le jugeait à propos, n'assisterait
ni aux réponses des commissaires chargés
de l'enquête préalable, ni à celle du rapporteur ; de manière que la règle éternelle,
qui laisse la réplique à l'accusé, et qui sur-tout,
lui ménage la faculté d'assister à des accusations dans lesquelles tout espèce de faux et
de prestiges peuvent être impunément employés, s'il n'y assiste ; cette règle se trouvait
violée. Quel est l'auteur de cette jurisprudence odieuse? Buonaparte? Non, elle est
due à des jurisconsultes français, qui croyent
avoir droit à une place auprès des législateurs

du Monde. Ce sont eux qui ont inventé une procédure digne de l'inquisition. C'était bien avec raison qu'un de ces jurisconsultes, chargé d'une commission de ce genre, disait à un fonctionnaire traduit devant lui, et qui remarquait que devant aucun tribunal une chose mise en question ne souffrirait de difficulté: «Monsieur, cela est bien ; mais nous ne « sommes pas un tribunal. » Français! la tyrannie n'était pas toute entière dans l'esprit et dans l'ame de Napoléon ! Qu'il y ait un entier oubli pour ses complices, pour les indignes conseillers qui ont à-la-fois préparé sa ruine et l'asservissement de la France : oubli quant aux poursuites ; oui : le besoin de l'union en fait la loi. Mais Dieu nous garde de voir cet oubli favoriser les travestissemens ; et nos destinées avec celles de nos rois , livrées à ceux qui ont trahi si lâchement et les intérêts de leur maître, et ceux de leur pays!

Si la juridiction appelée de haute police attribuée au conseil, avait pu recevoir quelqu'organisation régulière ; si la constitution même du conseil n'y eut pas mis un obstacle insurmontable, elle aurait été une sauvegarde contre l'arbitraire des ministres, et contre celui des commis ; qui, sous leurs noms ou avec eux, exercent une tyrannie outrageante sur les fonctionnaires extérieurs des divers départemens ministériels. Mais rien n'était plus facile à un ministre, soit qu'il fut dominé par sa passion propre ou par celle d'un employé, que d'éluder cette juridiction ; lorsqu'il ne voulait pas se donner la peine de la dominer. Il m'a fallu employer les protections les plus puissantes pour forcer, en 1807, M. Decrès, mon proscripteur, à se présenter au conseil pour y discuter un rapport de griefs, qu'il avait présenté quatre ans auparavant, et sur lequel Napoléon avait ordonné que je vinsse des bords de la Delawarre rendre compte de ma conduite. Le ministre, et un commis qui partageait ses fureurs, et qui eut recours aux mensonges, aux faux même, pour les servir, disaient, « Eh ! monsieur, laissez-nous tranquil- « les ; nous avons voulu vous déplacer, voilà « tout. » « Mais, monsieur, répliquais-je, le chef « du gouvernement ne m'a qu'appelé à rendre « compte de ma conduite ». Que leur importait ? *Sic volo, sic jubeo.* Telles sont les raisons d'un ministère même, moins tyrannique, moins absolu, que ne l'était celui de ce capitan. J'avais encouru la disgrâce et du maître et du ministre, par une correspondance et des opinions où pendant sept ans., j'avais signalé les écueils où ce gouvernement courait dès-lors, se précipiter et précipiter la France. Il fallait bien succomber, et du moment où, dans le langage du conseil, la condamnation était voulue *en haut*, le moyen que mes efforts pour obtenir justice ne devinssent pas de nouveaux torts !

Le secrétaire de la préfecture de la Loire Inférieure, dénoncé pour des opinions émises pendant le procès du général Moreau., est impliqué dans un procès de faux intenté au receveur général du département. Il excipe de ses qualités, pour passer préalablement au conseil d'état. Un décret prononce qu'il n'y a pas lieu. Voilà comme ces dispositions se réduisaient, ainsi que le voulait Napoléon, des lois criminelles., et qu'il le disait un jour : « à n'être qu'une règle de plomb dans les « mains du gouvernement. »

En dernier lieu, le conseil vient de faire fonction de cour de cassation, sur un jugement d'un conseil spécial de guerre, quoique ces jugemens ne soient pas sujets à révision, et l'affaire lui est revenue par le renvoi du ministre. Quel est l'accusé qui a pu intéresser le ministre au point d'obtenir cette révision ? et combien de jugemens prononcés contre toutes les formes, ont entraîné leurs victimes dans la tombe, sans avoir attiré son attention ? S'il fallait que le ministre de la justice fût le dispensateur des mises en appel ou en cassation, où en serions-nous ? Et voilà que, dans des questions où il s'agit de la vie des sujets, le ministre de la guerre est le juge des révisions de ces conseils, qui sont un des monstres de notre justice militaire, qui, elle-même, n'est qu'une monstruosité !

Ne cessons de le répéter il n'y a aucune liberté publique, aucune constitution de gouvernement possibles, si le conseil d'état est maintenu. C'est un simulacre qui a successivement servi à remplacer toutes les autorités destinées à mettre des contrepoids dans le gouvernement. On avait parlé dans les derniers temps de le fondre dans la cour de cassation. Si la cour de cassation eût été tranformée en conseil d'état, c'est-à-dire en un tribunal jugeant en secret et sur simples mémoires, et sur rapports, c'eût été une calamité. C'eût été une perte peu considérable si, par la fusion, Napoléon ne voulait que se débarasser de la vaine formule *du conseil d'état entendu.* Comme corps législatif, outre qu'il anéantissait les deux corps qui devaient participer à la législation, c'était une assemblée trop dépendante pour défendre les droits et les intérêts des peuples ; et l'expérience l'a bien prouvé. Comme cour de justice, on a vu comment il la savait et pouvait rendre. Je n'en parle point comme conseil de gouvernement ; son trop grand nombre et sa composition sont un obstacle à ce qu'il en puisse servir, et il n'en a jamais servi. C'était par des commissions qu'il participait quelquefois aux délibérations qui sont du ressort de cette espèce de conseils : comme corps même et dans le plus grand nombre de ses membres, il y demeurait parfaitement étranger.

Cependant, dira-t-on, où sera la juridiction qui connaîtra des *matières administratives* ? et peut-on bien laisser celles-ci dans les mains des tribunaux ? Je réponds que le conseil d'état moderne avait, sous le prétexte du contentieux administratif, des attributions infiniment plus étendues que l'ancien conseil d'état ; et j'ajoute que le conseil d'état ancien était lui-même comme le nouveau, destiné à figurer, et nullement à remplacer le concours de la nation au gouvernement des affaires. Tant que nos constitutions anciennes ont conservé quelqu'influence, les matières administratives, comme toutes les autres, du moment où il y avait procès mû entre des personnes quelconques, quelque fût l'une des parties, qu'elle fût publique ou privée, étaient jugées par les tribunaux ordinaires. Ce n'est que lorsque notre gouvernement est tombé dans ces créations anomales et contradictoires, au moyen desquelles, il y a long-temps, comme de nos jours, et sous des couleurs bien opposées, on a voulu donner le change à la nation, que ces règles ont été enfreintes, au détriment de la stabilité du gouvernement. Mais ne nous jetons pas dans une matière qui nous menerait trop loin, et qui n'est point ici à sa place. Disons seulement que les attributions législatives du conseil retournent naturellement aux corps qui devront, avec le Roi, concourir à la législation, et que les attributions judiciaires devront ou retourner aux tribunaux ordinaires, ou donner lieu à la création de juridictions nouvelles, si, en raison de la matière, il apparaît qu'il y ait lieu d'en ériger.

Je me suis étendu considérablement sur le conseil d'état, parce qu'il jouait un rôle de la plus haute importance dans le gouvernement, considéré dans son ensemble. Si nous examinons maintenant les diverses parties de de ce gouvernement, nous trouverons dans toutes , des instrumens et des pratiques tout aussi fortement, tout aussi artificieusement organisés pour la tyrannie, et des résultats tout aussi funestes pour la liberté et le bonheur de la nation.

On s'est quelquefois persuadé qu'il n'y avait que le terrein des cours et celui des rangs les plus élevés dans les états, qui pussent prêter, au moyen des passions et des vices qui s'y développent ordinairement, à des productions de ce genre. C'est prendre l'accident et la circonstance de l'effet pour la cause. Jamais les cours qui ont passé pour les plus absolues et les plus machiavéliques, n'ont surpassé en inventions et en combinaisons de ce genre, ce que des bourgeois, des gens de lettres ou des savans, sortis d'une grande médiocrité politique, pour ne pas dire plus, ont fait pour asservir cette nation. C'est que la tyrannie est par tout l'effet nécessaire de la puissance qui n'a point de bornes. C'est que, suivant que l'a dit notre poète :

Qui peut tout ce qu'il veut , ne veut pas ce qu'il doit.

Si jamais il y eut une affreuse vérité, une vérité prophétique, c'est celle proclamée par Burke, dans l'immortel ouvrage dans lequel, dès 1791, il écrivait en gros caractères nos destinées, et nous traçait d'avance les phases de notre révolution. *Every jacobin is a tyrant at heart :* « Un jacobin n'est qu'un tyran masqué. » C'est le desir de disposer de tout arbitrairement qui fait la tyrannie. Une fois l'absence de tout contrôle posée, attendez-vous aux conceptions et aux pratiques les plus monstrueuses. Nous allons voir, très en raccourci cependant, à quel point il en existait dans toutes les branches de l'administration.

Ministère des cultes.

Le ministère des cultes se présente en première ligne comme un des plus innocens. Cependant, ce ministère n'a été au fond, qu'un instrument d'avilissement pour toutes les croyances religieuses. L'idée de mettre cette partie en département a été suggérée par l'esprit de brouillerie, de compromission, d'intrigue, que, dès la conclusion du Concordat, Napoléon s'est proposé de porter dans les affaires de la religion. Il était foncièrement arrêté à un catholicisme intolérant jusqu'à l'excès, et dont il a plus d'une fois, et on ne peut plus indiscrètement, révélé et laissé révéler la pensée par cette foule d'écrivains officiels, qui se sont évertués depuis quinze ans à souffler au gouvernement un esprit de persécution, qui n'attendait que le moment pour éclater. On avait, sous mille formes, répété à Bonaparte cet adage stupide qui a coûté la couronne à tant de princes, et des générations de malheurs à tant de peuples : *Un roi, une foi, une loi.* On l'avait persuadé que le catholicisme était la seule religion qui retînt les peuples dans l'obéissance, et on l'avait de longue main préparé à faire de cette maxime une des bases fondamentales de son gouvernement. Cependant, l'évènement de l'expulsion du pape, une des plus scandaleuses spoliations qu'il ait commises, et dont la France ignore encore, avec une grande partie de l'Europe, les circonstances, en mettant le souverain pontife dans sa main, a fait éclore dans son esprit une autre pensée qui n'avait cessé d'y couver ; celle d'innovations, qui, n'étant fondées que sur le plus profond mépris de toutes les idées religieuses, devaient, comme ses conceptions politiques, inspirer de l'horreur à toutes les sectes et à tous les partis. Un riénisme affreux, émanation nécessaire de cette philosophie corrompue, et de cette littérature dégénérée qui dominent en France dans toutes les opinions, était le but, ou du moins le terme évident de ces innovations. Ce n'est pas un des moindres torts de la littérature française, et par littérature j'entendrai, comme on doit le faire, toutes les branches de connaissances dont les lettres ne sont que les organes; ce n'est pas, dis-je, un des moindres torts de notre littérature que de s'être prêtée à élaborer, à colorer ces efforts, pour ainsi dire tyranniques, dirigés vers les objets les plus sacrés de la vénération des peuples, et vers les bases premières des sociétés. On a imaginé mille sophismes, fabriqué mille romans pour y parvenir. On a cru réchauffer le goût de la religion, en prouvant qu'elle avait des beautés poétiques de tous les ordres (1); c'est-à-dire que, pour lui rendre sa sainteté, pour remettre sa morale en vigueur, on a voulu l'abaisser aux illusions mensongères et aux couleurs trompeuses, aux descriptions vagues et superficielles, aux illusions enfin, et aux prestiges de la poésie. Ces vaines tentatives annoncent le déclin, ou plutôt la chute de tout esprit religieux. On a proclamé, du haut des tribunes législatives, que la religion était

---

(1) Cette manie a été portée dans l'histoire, et nous avons une *Gaule poétique* qui, à la honte de notre critique littéraire, a reçu les plus grands éloges dans les journaux.

le frein et la consolation des classes misé-
rables, tandis que c'est sur-tout aux classes
supérieures, puissantes et riches, et aux princes particulièrement, que ce frein est nécessaire, puisque c'est par la violation de leurs
devoirs, par l'emploi vicieux de leurs richesses
et de leur autorité, que ces classes préparent
et produisent les malheurs qui agitent les états
et renversent les trônes. On a prêché et fait
prêcher à tous les départemens de la littérature, depuis les feuilletons jusqu'aux ouvrages
ex professo, une espèce de fatalisme religieux et moral, qui n'est que le vers des Mahomet délayé :

> Il faut un nouveau culte , il faut de nouveaux fers ;
> Il faut de nouveaux dieux à l'aveugle univers.

Et cette impulsion n'allait à rien moins qu'à
introduire une espèce de paganisme, dont on
aurait un jour osé nommer l'idole. Les ecclésiastiques avaient été transformés en espions,
la religion en instrument de despotisme; les
livres destinés à cathéchiser la jeunesse en
véritables répertoires de blaspêmes et d'im-
piété; car c'en est une que de mêler, comme
on le faisait, le sacré au profane, d'assimiler
les princes à des dieux, d'ériger le despotisme
en institution divine, la servitude et l'obéis-

sance passive des sujets en un devoir de chrétienté , quand les vérités fondamentales de la religion, ses traditions les plus respec-tées, sa discipline la plus pure proscrivent également ces monstrueuses propositions.

Je suis loin d'attribuer ces directions cou-pables aux deux ministres qui ont occupé le département depuis sa création ; quoique M. Portalis , qui , dans son émigration et sa retraite près d'Altona , s'est permis d'em-ployer des obsessions inconvenantes envers ses hôtes pour faire des conversions, puisse bien être soupçonné d'avoir participé au faux zèle qui a servi à colorer ces institutions. Mais s'ils ne les ont pas données , ils les ont aveu-glement suivies. On a dit les choses les plus fastueuses sur la réparation des autels et la réintégration de leurs ministres par Napo-léon. Mais quelle est la vérité ? Les fonds même que ses décrets et la libre disposition des conseils départementaux ou municipaux attribuaient à l'entretien du culte, étaient , comme tous les autres fonds locaux, versés dans l'abîme du trésor , et distribués avec la parcimonie que mettait Napoléon à tout ce qui n'était pas destiné à la guerre. Les ecclésiastiques sont demeurés pauvres, in-considérés , en trop petit nombre pour le

service spirituel , et surtout pour l'instruction morale des campagnes. La reconstruction
de la hiérarchie a eu pour objet l'extension et
la propagation de l'aveugle obéissance, bien
plus que la distribution régulière de l'autorité.
Bonaparte a fini par se laisser embarquer
dans des disputes de discipline ecclésiastique
qu'il s'est faites de gaieté de cœur, par suite
du machiavélisme qu'il a porté dans la religion comme dans la politique; et ces discussions , dont la révolution française , qui a
bien dû amener et maintenir dans cette
partie accessoire de la religion des innovations salutaires , semblait avoir à jamais prévenu le retour; dont l'origine remonte à ce
fameux concordat qu'il ne fallait pas faire
ou qu'il fallait tenir après l'avoir fait , étaient
arrivés au point de troubler son repos. Au
reste , il fut infidèle et parjure envers tous
les rites qu'il avait promis de protéger. On
se rappellera éternellement de la tentative tyrannique, parée des couleurs de la philosophie,
qu'il a faite envers les Israélites convoqués
en Sanhédrin. On n'oubliera pas qu'il a fait
proscrire M. de Villers pour avoir écrit sur
les effets de la réformation de Luther, un
ouvrage auquel il devait être au moins indifférent , et qu'après avoir fait un grand

étalage de l'égalité des professions de foi religieuses, il a rendu un décret qui ôte aux Israélites l'accès régulier de la justice pour la poursuite et le recouvrement de leurs créances.

Il reste dans cette partie de nos affaires, comme dans toutes, à revenir à la justice, à la vérité. Tous les cultes doivent jouir d'une liberté plénière. Leur discipline est un objet de police civile ; c'est une vérité reconnue par toutes les religions ; consacrée en France depuis des siècles, et sur laquelle, après vingt ans d'orages et de calamités, aucun bon esprit n'élevera de nuages. Les malheurs de la révolution les ont tous également spoliés ; il est inévitable qu'ils constituent pendant long-temps encore, un article de notre dépense publique. Mais que les fonds municipaux, que la piété ou qu'une libéralité éclairée leur feront allouer, demeurent étrangers aux caisses de l'état ; et qu'enfin l'on voye renaître en France la religion autrement que dans des journaux officiels destinés uniquement à tromper le prince et à donner le change à la nation.

De l'armée.

Dans les deux ministères chargés de la direction de la force publique, celui de la guerre et de la marine, quelle abondante matière aux plus salutaires changemens ! L'armée a été successivement façonnée pour être un instrument de despotisme, et pour devenir étrangère à tout sentiment national. « Je ne suis pas Français, disait un jour, dans un salon, un général fameux, au milieu de l'indignation que l'on témoignait contre les usurpations et les guerres incessantes de Bonaparte, « Je ne suis qu'un chef d'hommes ar-« més, et je brûlerais Paris, si l'empereur me « l'ordonnait. » L'armée était la seule partie de la nation qui pût arrêter, au moyen d'un concert et d'un langage énergique de la part de ses chefs, le cours des calamités dont elle était rendue l'aveugle agent. Mais, la même industrie qu'on avait mise à organiser la tyrannie dans le civil, avait été employée pour l'établir dans le militaire. Du moment où la nation avait perdu toute influence sur la formation, le recrutement, le paiement des troupes, il n'y avait plus d'armée nationale. L'admission trop facile des étrangers aux grades supérieurs et au commandement de tous les corps, a été une faute qui tient à nos systèmes politiques, et dont les conséquences ont été désastreuses. La création d'une garde qui formait à elle seule une armée d'élite de plus de soixante mille hommes de toutes armes, qui obtenait sur tous les autres corps des préférences odieuses de tout genre, en avait completté la destruction. On avait fait de toute la nation une population conscriptible ; mais en même temps cette population, désarmée partout à la suite des révolutions successives qui ont eu lieu depuis vingt ans, était à la discrétion de son gouvernement qui ne reculait devant aucun excès. Une nation à ce point façonnée, pour fournir au maître les élémens de la force, sans y pouvoir appeler elle-même lorsque le mal est à son comble, n'est pas un des phénomènes les moins dignes d'être remarqués dans l'histoire du gouvernement de Napoléon.

On ne conçoit pas à quel point l'espionnage et la délation avaient été introduits dans le gouvernement politique de l'armée, ni à quel point la violence et l'arbitraire y avaient remplacé la justice dans la répression des délits. La gendarmerie et la prévôté, recréés avec une étendue et une activité qu'elles n'eurent jamais sous la monarchie, avaient reçu un accroissement hors de toute proportion, et cela pour inonder de maréchaussée toute la France et tous les corps. La gendarmerie était portée, dit-on, à dix-huit mille hommes. Quelque bien que l'on puisse dire de la composition de cette arme, elle n'en est pas moins une institution qui portera toujours aux yeux des peuples un caractère odieux. La permanence des conseils de guerre est une création dont l'abolition est aussi nécessaire au rétablissement du règne des lois, qu'à la sûreté et à la dignité de l'armée. Les attributions de ces conseils dépassent les bornes que les ministères les plus absolus n'auraient jamais osé, autrefois, approcher. C'est la qualité de la personne qui fait la compétence devant les tribunaux, de sorte qu'un militaire est constamment soustrait à ses juges naturels pour des délits purement civils. L'armée, dans l'intérieur, est gouvernée par les mêmes règles qu'en présence de l'ennemi, ce qui est un despotisme révoltant. On oubliera difficilement les commissions affreuses qu'ont reçu ces conseils, et les conseils spéciaux pour juger ou plutôt pour envoyer à la mort des hommes, qu'on redoutait plus de livrer à une justice réglée qu'on ne craignait leurs conspirations et leurs complots le plus souvent imaginaires. Le mot *commission militaire*, moyen habituel de discipline dans les armées réglées, tribunal dont les élémens sont ordinairement désignés par la loi, entraîne maintenant dans notre langue l'idée d'une mort instantanée. Les conseils de guerre surtout ont servi d'instrument aux exécutions les plus illégales. La dernière, celle de Mallet et des malheureux qu'on a enveloppés dans sa complicité, est à raison de la forme, un des assassinats les plus caractérisés qui ait été commis.

L'esprit de l'armée vicié déjà par Bonaparte, comme général en chef en Italie, s'est corrompu par degrés au point où nous l'avons vu, et n'est plus devenu qu'une complicité générale dans le système de spoliation et de pillage qui a été annoncé officiellement comme le but de la guerre. La guerre a pris ce caractère farouche qu'elle avait dans les temps de révolution et de violences journalières, que nous lisons avec horreur dans l'histoire ancienne. La religion du droit du plus fort, exaltée par notre littérature d'une manière effrayante, semblait être devenue la religion de l'état. On n'oubliera pas l'époque où ce système affreux a été ouvertement affiché ; c'est celle où après la rupture de la paix d'Amiens, on annonça à l'armée le pillage de l'Angleterre. Dans le riénisme affreux qui dominait déjà tous les sujets, et qui entraînait tout le monde à cet état d'immoralité et d'indifférence qui a si bien servi Napoléon dans ses vues, la noble réponse que Moreau fit à Duroc, qui avait été chargé de lui proposer un commandement dans l'expédition, dût paraître une véritable niaiserie. « Tout le « monde, disait Moreau, voit avec une pro- « fonde inquiétude, qu'on laisse tous les jours « tomber, à dessein, ce noble esprit qui « anima l'armée dans les premiers jours de « notre révolution, et qui n'avait d'autre « mobile que la passion de la gloire, l'amour « de la patrie et l'enthousiasme de la liberté. « On ne le fera pas renaître cet esprit, par « des proclamations qui n'appellent l'armée « qu'à l'abus de la victoire. » De pareils sen- timens méritaient bien d'être qualifiés d'anti- français dans la réponse de Duroc, réponse qui fait le digne pendant des vœux qu'il a faits, en mourant, et par lesquels il souhaite en- core trente ans de vie et de règne à Napo- léon, pour accomplir ses vastes projets. Com- bien la conduite de la guerre d'Espagne, et antérieurement celle des trois guerres d'Al- lemagne, n'a-t-elle pas justifié cette prédic- tion ! A quelle spoliation ne s'est-on pas livré, et combien de fortunes colossales grossies par des dotations, se sont composées primitive- ment de contributions arrachées à des villes, ou à des états, ou de la spoliation des palais!

Jamais, en effet, on ne travailla avec plus d'ardeur à détruire tout sentiment national dans l'armée : et cependant, c'est-là le sentiment qui en fait la force et que rien ne peut remplacer. L'état-major se monta sur un pied de luxe et de faste que les rois et les princes n'avaient pas connu. Tout le monde convient que l'armée qui a pénétré en Russie, était une véritable armée de Xerxès, pour la multitude des équipages, et pour l'encombrement des commodités diverses que chaque général traînait à sa suite. Il était impossible que l'orgueil n'allât pas avec cette corruption. Les officiers de la ligne étaient traités avec une hauteur et une dureté sans exemple. Les grades au-dessous de celui de colonel, étaient à peine apperçus ; on a vu des officiers supérieurs quitter l'audience du ministre où ils avaient été traités avec la dernière violence, pour passer au service de l'ennemi. Des lettres d'exil leur étaient envoyées aussitôt qu'une délation ou un mécontentement quelconque les avait mis hors d'activité ; les premiers commis rivalisaient, pour cette espèce de persécution, d'empressement avec le ministre. C'est une grande erreur dans laquelle tombent ceux qui prêchent le pouvoir absolu, que de croire que la justice ne soit pas l'ame de l'armée, comme elle l'est de toutes les autres réunions qui se forment au sein de la société. Là, comme ailleurs, l'arbitraire manque son but; il faut, ou que la force publique soit mue par un principe d'honneur et de patriotisme, et par le sentiment de la justice, ou qu'elle soit animée par le seul espoir de la licence et du pillage. Le premier esprit qui sans doute peut seul la rendre à sa destination conservatrice, ne peut exister sans une législation qui garantisse le soldat contre d'injustes préférences, l'oubli de toute humanité et l'abus du pouvoir de la part de ses chefs. L'armée, peut-être la plus fortement constituée de l'Europe, l'armée anglaise, est celle ou règne en même temps la meilleure discipline et la justice la mieux administrée.

Quant à l'administration des ministères de la guerre, l'histoire des deux dernières campagnes nous a fait connaître à quelle désorganisation elle était arrivée. Jamais avec un personnel aussi nombreux pour son service, l'armée n'a été aussi dénuée des choses les plus nécessaires à sa subsistance, aux transports et aux hôpitaux. Le digne ami de M. Defermon, M. Lacuée, y avait porté un esprit d'injustice et d'arbitraire , qui avait bani toute confiance de la part des fournisseurs. Il n'est pas étonnant que ce service ait été désorganisé ni que tout le monde l'ait fui. Nous avons vu dans cette campagne, et les étrangers ont vu dans l'autre, nos soldats mourir de leurs blessures, faute de pansemens, et succomber d'inanition. Le spectacle de désordre, d'encombrement, de mortalité, de peste et de famine, qu'à présenté Mayence le 30 octobre 1813, et jours suivans, celui que nous avons eu à Paris, seront des monumens éternels de la stratégie monstrueuse de Bonaparte, et de la négligence de ses administrateurs si pleins d'ostentation, si fiers de leur savoir, et si insolens à Paris. Aussi tant qu'ils ont eu des contributions à recueillir, ils ont été d'une science profonde et d'une régularité à toute épreuve ; dès qu'il a fallu, pour nourrir l'armée dans des momens difficiles, et organiser un système de service et de crédit, ils ont vu que la dureté ne pouvait remplacer la justice, et que la morgue qui fait faire antichambre au fournisseur pendant la prospérité, ne saurait l'amener chez le ministre quand il s'agit de l'engager à des livraisons qu'on sait devoir être arbitrairement réduites dans leur prix, une fois le danger passé.

On ne saurait parler de l'armée sans être porté aux plus tristes réflexions. Les Français ont étonné vingt ans toute l'europe par leur courage. On a vu sortir du rang des soldats des généraux qui font aujourd'hui la gloire de nos armées ; et avec tant de bravoure dans les camps , il a régné dans les conseils une lâcheté comme celle qu'il a fallu pour que la France fut réduite à la servitude d'où nous sortons ! Les Français ont montré qu'ils savaient affronter la mort , mais non la disgrâce et la pauvreté. Ils ont eu le sentiment le plus exalté de l'honneur , de la fidélité , du devoir dans les batailles ; ils ont été lâches , dissimulés , perfides , traîtres à leur consience et à leur devoir dans le cabinet. Les officiers généraux de l'armée n'ont jamais pensé qu'ils étaient citoyens une fois rentrés en France ; qu'ils avaient le droit d'y participer aux discussions publiques , de s'y concerter avec l'opinion , d'y mettre , s'il le fallait , le poids et de leur force et de leur autorité. Ils ont cru qu'ils n'avaient qu'à jouir de leurs vains honneurs et de leurs immenses richesses , et ils ont oublié qu'ils avaient une patrie à défendre , à conserver en revendiquant des garanties et des constitutions. Disons-le avec douleur , depuis Pichegru et Moreau , tout esprit civil semble s'être éteint parmi eux. Ils se sont laissés isoler, diviser de la nation et d'eux-mêmes, par les plus perfides manœuvres; enchaîner, terrifier par le plus vil espionnage. Quelle énigme pour nos neveux et pour nos contemporains que cette contradiction! Tachons, s'il est possible, de la faire oublier, et de recouvrer, avec un gouvernement paternel et sage, les sentimens qui seuls peuvent le maintenir.

Dans les derniers temps, Napoléon, malgré la terreur qu'il en éprouvait, avait formé la garde nationale. La dernière qui l'ait été, c'est celle de Paris; il fit mettre dans son état-major quantité d'officiers attachés à celui de la place, contre lequel les citoyens ont toujours manifestés l'aversion la plus grande, à cause de la police secrète, qui faisait une des parties essentielles de ses attributions. Son unique but était d'envoyer cette troupe à la bouche du canon, et cela presque sans armes, et après deux mois de formation. C'était dans cette vue que fut proposée à l'hôtel-de-ville, à tous les officiers réunis, la fameuse adresse. Tout le corps des officiers ayant demandé que l'adresse fut communiquée, on changea de batterie. On les fit venir individuellement pour signer un vote que tout le monde dés'avouait au fond son cœur. Cette circonstance prouve combien les officiers de la garde nationale doivent se défendre de l'initiative ambitieuse que les chefs prétendraient s'arroger sur eux dans les questions purement politiques ; et les chefs de légion et le gouvernement de Paris auront à se justifier envers l'opinion et envers eux-mêmes de la surprise à laquelle ils ont, dans cette circonstance, consenti à tromper mille pères de famille pris dans les classes les plus recommandables de la société. Combien de ces familles seraient aujourd'hui en deuil sans la fermeté avec laquelle les officiers manifestèrent, le 30 mars, la résolution de ne commander personne pour aller à cette horrible boucherie ? L'ardeur naturelle aux Français aurait entraîné toute la garde, si elle n'eût été retenue. Napoléon aura éprouvé un accès de rage quand il aura appris, à Villejuif, qu'il n'avait pas réussi dans son dessein. La réintégration de la garde nationale, après douze ans de désarmement universel est un événement remarquable. Quelle suite doit avoir cette réorganisation ; quelle place la garde nationale occupera-t-elle dans notre établissement militaire ? Ce sont là des questions on ne peut plus importantes à discuter.

Ministère de la Marine.

Le ministère de la marine a surpassé ceux de la guerre, dans le concours au systême de Napoléon. Tout le monde sait, à Paris, l'histoire de la longue et funeste gestion d'un ministre, dont tout le mérite fut d'avoir, dans un moment de commune destitution pour cause d'excès révolutionnaires, souvent donné à dîner à Bonaparte, qui se trouvait dans la plus grande détresse ; qui a signalé son entrée en fonctions par la cessation de l'envoi en Angleterre des fonds qu'y faisait passer le Directoire, pour l'entretien des prisonniers, et qui se mocquait de ceux qui avaient été assez stupides pour s'engager à ce service avec un gouvernement, de qui cependant, il avait reçu naguère une promotion et une gratification pécuniaire assez considérable. Que pouvait-on attendre d'un homme qui disait, en parlant des commis qu'il faisait mourir de chagrin : « En voilà encore un que j'ai consommé » ; de son dévouement à Napoléon, « que s'il le lui ordonnait, il irait sur le ventre à St.-Cloud » ; à un négociant qu'il avait à dîner, et qui lui présentait une lettre-de-change des Colonies, sur laquelle était transcrite sa propre autorisation de la tirer. « Mon

« ami, vous êtes un sot de l'avoir prise, « parce qu'elle ne sera pas payée » ; d'un homme qui ne portait, dans ses audiences, que la violence la plus brûtale ou l'ironie et la plaisanterie les plus lâches envers les victimes de sa haîne et de sa persécution que la nécessité y conduisait, et qui ne respectait pas même les femmes lorsque, vû la terreur qu'il inspirait à leurs maris, elles se chargeaient de lui porter les plus justes sollicitations ? La seule relation des mauvaises plaisanteries, des lazzis cruels, des réponses tyranniques, dont il faisait métier et gloire, dépasserait tout ce que la diffammation la plus passionnée pourrait inspirer. Jamais despotisme ministériel n'a été porté aussi loin ; jamais l'idée qu'on était livré à l'action d'une aveugle destinée, et par conséquent le désespoir de toute justice et de tout discernement, n'ont été plus répandus que dans tout ce qui servait sous ce ministère. Le militaire, abattu, avili, découragé, ne tenait plus au service que par le besoin de vivre ou par une espèce de stupeur qui le rendait, pour ainsi dire, incapable de locomotion ; ou par le désespoir de trouver d'autres moyens d'existence, qu'en effet le gouvernement ôtait à tout le monde. On saura quelque jour la raison du mystère dans lequel a été officieusement enveloppée la mort du malheureux amiral Villeneuve, échappé au combat de Trafalgar, et qu'on voulait charger du crime d'avoir fait sortir la flotte sans ordre. On ne permettra plus que tout moyen de redressement soit interdit aux marins, que des chefs violens s'aviseraient d'essayer de faire mourir sous les coups. Un fait de cette nature s'étant passé dans un port, et ayant attiré l'attention de la police, la seule autorité qui, sous le gouvernement de Napoléon, exerçât le droit de plainte, M. Decrès répondit, au ministre qui lui en avait fait des observations, « Que c'était là des choses dignes de 1789. » Napoléon semblait prendre à tâche d'enraciner davantage son ministre, à mesure que d'affreux résultats et les murmures du public le rendaient plus odieux.

Parlerai-je des affaires des Colonies, de la déportation autorisée aux mines de Carthagêne, de douze cents à deux mille hommes de couleur, libres, qui avaient combattu sous les drapeaux français, et qu'on embarqua par surprise pour cette horrible destination, en leur disant qu'on les menait à l'ennemi ; des noyades de Saint-Domingue, au moyen de navires fabriqués exprès, comme ceux de Carrier, qu'on baptisait des noms plaisans

de *courte haleine*, et autres semblables,
et des hommes qu'on y a fait dévorer par
des chiens : tous actes connus, récompensés,
autorisés pour la plupart dans ce ministère ;
de la perte d'une armée de trente mille hommes qu'on a envoyé, dans cette colonie, chercher un tombeau, parce que Moreau l'avait
commandée, et s'en était attaché tous les
officiers et les soldats, et qu'on y a perdue par
suite du plus atroce système politique et administratif qu'on ait jamais conçu ? N'attendons qu'une suite continuelle de révoltes et
de malheurs dans nos colonies, si des idées
comme celles qui ont été la base du système
suivi depuis la paix d'Amiens envers elles,
parviennent à se reproduire dans le gouverment ; je ne parle pas des idées atroces qui
ont suggéré tous les crimes que je viens de
rappeler, la supposition serait une injure ; je
veux dire celles qui ont présidé à l'organisation des pouvoirs coloniaux, qui ont réglementé le commerce de la métropole et des
étrangers avec les colonies. Dans toutes ces
branches, l'abus du pouvoir a été sans mesure. Après avoir causé une seconde fois la
ruine de nos établissemens, par un ensemble
de lois sans pareilles, après avoir forcé les
malheureux habitans à fuir en France, on

8*

n'y est pas même venu à leur secours; on les
y a laissés en proie aux plus pressans besoins.
Il est tout simple qu'un gouvernement qui ne
voit dans les sujets que des instrumens de force,
ou des éponges à presser dans le trésor, cesse
d'y faire attention quand ils ne sont plus que
des objets de pitié.

Quelques bureaux de ce ministère ont bien
partagé toutes les violences et toutes les in-
justices du chef. On y trouve les exceptions
les plus honorables ; mais l'esprit d'arbitraire
et de duplicité qui l'a dirigé pendant douze
ans, n'a pu qu'y pousser de profondes ra-
cines. Des employés, on ne peut plus re-
commadables, en ont été expulsés par les
procédés les plus injustes et les plus violens,
pour les remplacer par des créatures assou-
plies à toutes les vues du ministre. Quelques-
uns en sont morts de chagrin ; et je n'oublierai
jamais qu'un employé octogénaire a été renvoyé pour avoir fait un rapport favorable
sur une réclamation , qu'avec l'autorisation
de M. Decrès , j'avais présentée , et dans
laquelle il ne s'agissait que de me décharger
des répétitions pécuniaires de l'arrêté du
conseil, par des moyens de compensation que
l'arrêté lui-même autorisait.

Ministère de l'Intérieur.

Il faudrait faire un livre seulement pour tracer le tableau du concours du ministère de l'intérieur au système de Napoléon. La révolution, en faisant disparaître les autorités provinciales, en détruisant le contre-poids des parlemens et des états à celle des délégués de la cour, en anéantissant tous les gouvernemens municipaux et toutes les corporations, avait applani toutes les voies au despotisme dans cette partie de l'adminis-tration. Aussi Napoléon en a-t-il amplement profité. Jamais le pouvoir des intendans n'a approché de celui qu'il a donné à cette ma-gistrature hétéroclite des préfets, dont il a été chercher les dénominations ridicules et les attributions, comme celles de beaucoup d'autres autorités, dans le gouvernement des empereurs romains. Tout a été attiré dans leurs bureaux, et de-là envoyé à Paris. Les conseils de préfectures, tous nommés par l'empereur, ne pouvaient exercer qu'une ombre de con-trôle, une ombre de représentation de l'in-térêt local dans l'administration. Le préfet disposait souverainement de tout; rien dans le département ne pouvait se faire sans lui, et toutes les autorités communales attendaient

son signal ou son ordre pour les objets les
plus minutieux de leur petit gouvernement.
Toute spontanéité, tout intérêt local, étaient
détruits ; tout le bien à faire et à ordonner
était reporté au préfet, qui jouait en petit le
rôle que Napoléon jouait en grand à Paris.
Comme personne n'avait plus que lui la conscience des vices de son gouvernement, il a dit
souvent en plein conseil d'état, que les préfets
étaient de petits tyrans ; et, en effet, ils l'é-
taient à un degré qu'il ignorait lui-même.
Aussi l'insolence, la hauteur, la dureté, l'arbitraire de ces magistrats, n'avaient pas de bornes.
Les commissaires de police étaient près d'eux
pour les contrôler ; mais cette autorité, toujours âpre à faire un rapport d'espionnage et
de scandale, ne se souciait guère de risquer
de se mettre en contradiction avec l'esprit du
gouvernement, en rendant compte de ce qui,
dans l'administration, excitait de justes plaintes. Le préfet faisait l'esprit public du département dans son journal : quand il y avait mis
son article ampoulé, ou amphigourique, qui
rapportait à Bonaparte les petites oppressions ou les petites conceptions de M. le
préfet, présentées comme des nouveautés qui
laissaient bien loin en arrière tous les gouvernemens passés et à venir, le département

avait parlé. On sollicitait l'insertion au Moniteur; pour l'obtenir, il fallait une permission ou une indication du secrétaire d'état ou du ministre; et c'était l'objet d'une correspondance avec les sous-ordres des bureaux ministériels, qui faisait la principale affaire des préfets. On ne pouvait pas réparer un pavé, ni allumer une lanterne dans l'empire, sans que le préfet n'eût autorisé, et, après lui, le ministre. Qu'on juge de l'encombrement que toute cette broutille doit avoir jeté dans le ministère! Aussi on n'a qu'à voir, au nombre d'employés qu'il réunit, combien son travail a dû grossir depuis la révolution.

En toutes choses, nous avons eu le malheur, dans toutes les parties de notre gouvernement, de frapper précisément en sens inverse du but vers lequel nous tendions. La manie de l'uniformité, qui nous a été suggérée par le funeste esprit qui a pénétré dans toute notre machine politique, nous a persuadé qu'il n'y avait rien de mieux que de tout réduire à une règle, et nous avons élevé un édifice d'administration intérieure, qui n'a de pareil que celui de Rome sous les empereurs qui en ont amené la chûte. Tous les fonds de contributions locales, au moyen desquels on a suppléé aux dotations des divers établissemens provinciaux, ont été réunis en une masse pour être répartis (ou ne pas l'être) à toute la France. Rien n'est plus tyrannique et plus décourageant. Quel intérêt l'habitant de Bordeaux, qui a payé sa contribution générale au gouvernement, peut-il prendre aux centimes addionnels qu'on lui impose pour donner des trottoirs aux habitans d'Anvers, ou pour doter leurs lycées? Par une autre suite de cette centralisation, il fallait que le conseil d'état délibérât sur toutes les dépenses des communes et les autorisât. Il y avait un conseiller d'état chargé de ce travail central sous le ministre, et un autre qui en était le rapporteur habituel au conseil. On ne se figure pas à quel degré de ridicule on y était arrivé. Très-souvent les budjets, comme on les appellait, de la dépense de 1812, par exemple, ne passaient au conseil qu'à la fin de l'année. Alors toute la dépense était faite et payée, et couverte par une recette ou par du crédit. Le conseil décrétait, à la fin de 1812, que la dépense et la recette pour l'année seraient de telle et telle somme, en tels ou tels articles. Il lui arrivait souvent, en réglant ces budjets après l'année écoulée, de recevoir les comptes de la dépense faite, et de rayer partie de celle-ci ou de la réduire. Que l'on s'imagine l'état d'un maire, à qui l'on disait qu'une dépense qu'il avait déjà payée et faite avec l'autorisation du préfet serait radiée ? On ne conçoit rien de si insensé ; et c'est là cette administration qu'on a appelée prodigieuse ! Pour moi, je n'y ai vu qu'une impuissante fastueuse machine, construite pour diriger l'administration, au centre de Paris, de tous les intérêts locaux de la France. Que l'autorité souveraine en concourant à ses diverses branches détermine les règles que suivra cette administration ; qu'elle surveille les abus et les malversations par des voies prédéterminées, cela se conçoit : mais qu'elle opère ; c'est ce qui n'a pu être imaginé que dans le délire d'une grande crise, et conservé lorsque le sang-froid est revenu, que par l'insatiable passion qui domine en France, d'ordonner au lieu de gouverner.

Tout ce qu'il y a de parasite dans le ministère de l'intérieur, provient de cette source vicieuse. Recomposons promptement, le plutôt que la sagesse et la maturité nécessaires à ce rétablissement, le permettront, notre gouvernement municipal ; c'est là un des premiers besoins de la France. L'idée de réduire cette nation à l'état d'une multitude informe et inhabile à exprimer un vœu, à émettre une opinion, est des plus destructives qui ait jamais été conçue. La France a été réduite en atômes, à un état d'individualité qui la rend depuis vingt ans, la proie du premier occupant. Il faut rendre à nos villes leurs incorporations, et avec elles, des officiers municipaux de leur choix. Alors les vœux émis par nos villes cesseront d'être ceux des municipaux salariés. Par-là, nous recomposerons les élémens d'une existence nationale que nous avons perdue. C'est avec ces élémens, par ces élémens, que les grands et les premiers corps de l'état, cessant d'agir dans le vide, deviendront capables de quelque chose. Il est instant de réorganiser le droit de bourgeoisie, qui sera considéré commé titre civil et politique, s'il est, comme il doit l'être, lié avec la possession et avec le droit de suffrage. C'est le seul moyen de retirer la France, et ses villes surtout, de cette promiscuité d'habitans qui a été aussi favorable à la tyrannie de la licence, qu'à celle de Bonaparte. La suite nécessaire en sera le rétablissement des fonds municipaux et des administrations municipales ; et le zèle pour les intérêts locaux, qui est la source de l'esprit public, renaîtra parmi nous. Il en a été dans nos villes, depuis vingt-cinq ans, comme dans l'état en général. Tout le monde, domicilié ou non en est citoyen; tout le monde y peut occuper les charges; comme tout le monde a pu devenir citoyen français et occuper les premières charges de l'Etat.

Cette manie de tout attirer au centre du gouvernement, était accompagnée d'une disposition inverse à remplir les devoirs qu'on s'imposait avec tant de légèreté. Il n'y a pas de ministère, à l'exception de celui des relations extérieures, qui n'ait à Paris une partie de son domaine composée ainsi des debris de quelque autorité locale; et pas un, où tout le monde n'ait été rebuté par la difficulté et l'impossibilité à occuper, je ne dis pas le ministre, mais seulement les premiers commis, de son affaire. Ardens, insatiables à prendre des attributions, les ministres et les bureaux étaient d'une insigne froideur pour en remplir les devoirs; ils étaient tous également invisibles et inaccessibles à la réclamation, ou distraits, ou préoccupés, ou dédaigneux pour l'entendre. L'excuse de cette conduite se trouvait dans l'excessive multiplicité des affaires, et peut-être est-elle admissible jusqu'à un certain point; mais pourquoi la conscience de l'impossibilité de faire son devoir ne portait-elle pas les ministres à se débarrasser de cette surabondance d'affaires, pour se borner à leurs vraies attributions ? « Pourquoi me juges-tu, si tu ne veux pas m'entendre », disait je ne sais quel sujet à un souverain, probablement entraîné par cette manie de l'universalité et de la centralisation ? La France pouvait le dire à toute heure à ses ministres, qui amenant tout à Paris, la forçant d'y postuler sur tout, lui interdisaient les moyens d'arriver à une solution, et jusqu'à l'accès de l'autorité qui s'était arrogé le droit de la rendre heureuse dans les plus petits détails.

Le ministère de l'intérieur s'est infecté, durant l'usurpation de Bonaparte, de toutes les doctrines oppressives et de toutes les idées de monopole que l'administration a proclamées pendant douze ans, sous le prétexte de combattre les erreurs des économistes. Il était devenu fort à la mode, à la cour de Bonaparte, de tourner cette secte d'écrivains en ridicule. Cependant la vérité est que ses erreurs comme celles des politiques républicains, ont au moins l'excuse de l'enthousiasme d'une philautropie exaltée. L'Angleterre, par l'immortel ouvrage de Smith, a trouvé dans cette partie, le véritable milieu et il a été réservé à cette puissance d'arriver aux meilleures solutions des problèmes économiques, comme elle l'a fait antérieurement, pour ceux des constitutions. Il était tout simple que le gouvernement de Bonaparte se jettât dans les extrêmes opposés à l'excessif relâchement, à l'excessive liberté que ces écrivains avaient prêchés.

On croyait sérieusement au ministère de l'intérieur, que la production qui, sans doute est proportionnée à la consommation, pouvait bien être réglée par le gouvernement pour empêcher et l'exubérance des produits, et l'excessive multiplication des producteurs. A part le ridicule et la momerie du moment, à part l'hypocrite ardeur avec laquelle on a mis des innocens ou des gens qui en jouaient le rôle, à la besogne, pour nous donner du sucre de betteraves et de l'indigo-pastel, tandis qu'on faisait exploiter, avec des affidés ou même avec ceux qui avaient pris des rôles dans cette comédie économique, des licences en denrées coloniales, on a réellement laissé pénétrer dans ce département, des niaiseries statistiques qui ont conduit notre industrie à sa ruine, comme les conceptions de même nature en politique, ont mené la France à l'état où elle se trouve réduite aujourd'hui. Que cette sottise, cette charlatanerie officielles perdent enfin leur privilège exclusif à la parole et à l'impression, et l'on verra qu'il en sera promptement fait justice. Si l'on ne savait jusqu'à quel point la puissance transforme en réalités, aux yeux de ceux qui l'exercent sans de véritables lumières, les plus folles visions, on ne concevrait pas comment celles que j'indique ont pu arriver à former un corps de doctrine vraiment allarmant.

Il existe une autre branche où le ministère s'est livré à tous les excès du pouvoir sans contradiction ; c'est celle des travaux publics. Au retour de la paix, il fallait craindre de voir toute la France mise en embellissemens et en canaux. Comme on voulait sans nuire à la guerre, continuer ces dépenses colossales, qui étaient un monument fastueux élevé à la magnificence du maître, et dont la dépense augmentait tous les jours, on avait imaginé de grever la France de centimes additionnels toujours croissans pour y pourvoir. La plupart des grandes routes étaient mises à la charge des départemens. On a sérieusement proposé, et les représentans de la nation ont pu sanctionner ce principe odieux ! que les sujets qui sont taxés, en général, pour les sommes jugées nécessaires aux travaux publics, qui l'étaient encore par des contributions locales déjà formant un double emploi écrasant, fussent encore imposables à raison de la plus value qu'auraient éprouvée leurs biens fonds par suite des travaux projetés. M. Crétet fut l'auteur de cette tyrannique découverte. On n'en connaît qui lui soit comparable, que l'idée suggéré par Pline le rhéteur, qui proposait à Trajan de forcer les provinciaux à prendre, bon gré malgré, à intérêt, les fonds du trésor impérial, qui sans cela resteraient inactifs ; proposition qui révolta les ministres de l'empereur romain, qui n'étaient pas doués cependant d'une excessive philantropie. L'idée de M. Crétet, après avoir contribué à le faire élever au ministère, est encore demeurée à-peu-près sans exécution. Ce département des travaux publics, au reste, a bientôt anéanti presque toutes les entreprises particulières. Des compagnies qui avaient des canaux ont été dépossédées, parce que leurs profits étaient trop considérables. Les actionnaires des ponts de Paris ont eu leurs fonds réduits dans leur valeur par l'intenvention arbitraire de l'administration. Ce même département, pour faire sa cour, a mis des routes, de tout temps réputées routes générales à la charge des départemens et de leurs contributions; et ces contributions, bien que figurant comme centimes additionnels, n'ont eu de destination lo-

cale que dans les tableaux du directeur, et sont
venues se réunir aux fonds du trésor. Le ministère a fait encore deux propositions remar-
quables qui ont été adoptées pour notre malheur : ce sont celles relatives aux mines et
aux bêtes à laine. La première, en mettant la
main du gouvernement dans toutes les mines particulières, sous le prétexte de prévenir les abus des mauvaises exploitations ;
a porté un coup sensible au ressort de l'intérêt personnel dans cette branche d'industrie.
L'autre a presque détruit l'éducation des mou-
tons. Enfin le commerce des blés est devenu
dans ce ministère, l'objet de réglemens mys-
térieux qui ont en grande partie produit la
rareté de 1811. On ne tient pas, lorsqu'on en
est venu, par la fermeture des ports et la prohibition d'exporter, au point d'encombrer un
pays de quatre à cinq récoltes abondantes
tombées à vil prix ; on ne tient pas, dis-je,
à la tentation qu'offrent les sacs de guinées
qu'envoient nos sages voisins pour les acheter
clandestinement au profit de la cassette et des
favoris qui sont admis au partage des produits
de ce monopole odieux. Pendant ce temps
là toutes les plumes de la littérature volon-
taire ou salariée s'évertuent à élever aux cieux
la politique profonde qui refuse à l'Angle-

terre l'accès de nos ports, et sur-tout celui de nos greniers. Il faut convenir qu'il était bien juste, dans un pareil système de mysti-fication, d'empêcher que la France ne vît une seule gazette imprimée sur les bords de la Tamise ; car il aurait été cruel de lire avec les articles des journaux de Paris, la liste des arrivages dans les ports Anglais, qui annonçait une foule de navires, même fran-çais, faisant ce commerce clandestin.

Le ministère de l'intérieur est chargé d'une partie d'attribution qu'on ne saurait passer sous silence : il a la direction de l'instruction publique ; département logé, par Bonaparte depuis quelques années, dans un monument fastueux élevé sous le nom d'université im-périale. Si cette attribution ne donnait au ministère que la dispensation des secours de 5o à 2oo francs qu'on distribue aux gens de lettres nécessiteux, on n'aurait assurément rien à redire ; mais elle le rend le suprême ordonnateur de tous les fonds généraux et spéciaux qui sont faits par le trésor ou par tous les départemens, pour l'objet vital de l'éducation publique dans toute la France. Quel emploi reçoivent ces fonds réunis ? Nous voyons bien qu'à Paris le couronne-ment de l'édifice est richement, profusément décoré ; nous avons des colléges spéciaux et des professeurs en assez grand nombre pour endoctriner toute l'Europe ; mais l'éducation dans les provinces est scandaleusement négligée. Des étrangers instruits se sont aperçus que dans le rayon de six lieues de la capitale, on voyait plusieurs villages où il n'y avait pas même un maître d'école pour enseigner les lettres aux enfans. S'il est un besoin auquel la société doive pourvoir par des contributions, c'est cette instruction première, sans laquelle une nation perd l'immense avantage de pouvoir puiser, pour tous les emplois de la vie civile, dans une plus grande masse d'hommes préparés à la culture de l'esprit par les rudimens des lettres. Tout notre système ecclésiastique, avant la révolution, offrait à cet égard de grands avantages. Il faut déplorer l'aveuglement qui n'a pas su prendre sur les confiscations immenses auxquelles la destruction violente du clergé a donné lieu, une réserve destinée à doter cette espèce d'établissemens. Un obstacle insurmontable, au reste, à une bonne réorganisation de cette branche importante, c'est l'université impériale. C'est une centralisation dont les vices sautent aux yeux dès qu'on se reporte à l'esprit qui l'a suggérée. C'est la volonté de mettre dans la main du gouvernement tous les ressorts moraux de la nation, et de les diriger de Paris, dans un sens uniforme, qui en en a été la source. Vue sous ce rapport, l'université est un moyen de police, et c'est en examinant la marche et l'esprit de ce ministère que j'acheverai d'en traiter.

Ministère du Commerce.

La création d'un ministère du commerce par Bonaparte, fut une des ironies sanglantes de son règue. Une fois entré dans le système continental, il avait par cela même détruit tout commerce. Il était naturel qu'une résolution aussi inouie que celle de faire un moyen de guerre de l'anéantissement de tout échange des produits du sol et de l'industrie française, résolution à laquelle on put se plier tant qu'elle s'annonça comme temporaire, et pendant le temps que dura l'illusion qu'on parvint un moment à produire sur son efficacité; que cette résolution, dis-je, produisît une vive sensation, lorsqu'on la vit proclamer comme un système arrêté, auquel on allait forcer toute l'Europe de se soumettre; comme une loi fondamentale de l'empire, ainsi que Napoléon l'a depuis annoncé impu

9*

demment à toute l'Europe, dans un discours
au corps législatif. On vit paraître dans les
journaux des manifestes contre le commerce.
Les fonctionnaires publics du plus haut rang se
firent un jargon anti-commercial, qu'on n'entendait point sans une profonde affliction. Un
ministre célèbre, qui avait la réputation d'un
homme très-instruit, a pris la peine de me
démontrer pendant une heure, que le commerce extérieur n'était rien pour la France;
comme si l'on pouvait séparer le commerce
extérieur du commerce intérieur! Averti cependant par le mouvement de l'opinion publique, Bonaparte crut qu'il fallait recourir à
de nouveaux artifices; c'est alors qu'il joua la
farce de ses conseils de commerce, qu'il a
si fastueusement annoncés jusqu'au trente ou
quarante-sixième, et que pour calmer la terreur, pour consoler l'affliction universelle, il
rendit ce profond oracle, *qu'il cherchait un
ministre du commerce.* Les plus fins y furent
un moment trompés, même le rusé ministre
qui tenait alors la police. Des hommes clairvoyans, qui ne s'étaient jamais un instant mépris sur le fonds de ses desseins; qui connais-
saient parfaitement sa pénétration à découvrir
et son avidité à saisir le côté utile pour lui et
dégradant pour la nation; des mesures où, dans

le culbutis continuel de son gouvernement, il était souvent jeté sans réflexion, se prêtèrent à écrire sur cette matière, et à lui faire remettre des mémoires où elle était traitée avec conscience et vérité. Mais son intention n'était point d'être instruit. Dans cette conception, comme en beaucoup d'autres, il commença par l'enthousiasme, et finit par une profonde hypocrisie. Ses décrets de Berlin et de Milan, annoncés comme les restaurateurs et les vengeurs de la liberté des mers, étaient une machine organisée pour sa destruction; et en effet, sitôt qu'ils ont paru, nos amis comme nos ennemis n'ont pu naviguer sans canons à la ceinture de leurs bâtimens, pour repousser nos pirateries. Il avait annoncé son système continental comme un moyen dirigé contre l'Angleterre. Ce système a donné à l'Angleterre le monopole. Quand on n'a pu faire le commerce sans être armé, qui pouvait en faire plus, ou autant qu'elle? On croira difficilement qu'il y eut des fanatiques de l'efficacité de ce système, et qu'un conseiller d'état n'en parlait jamais au conseil sans l'appeler le *bienheureux système continental.* Ce prétendu système, fruit d'une rage impuissante qui se jette sur tout ce qu'elle rencontre, ne fut plus qu'un moyen d'oppression pour les Etats de l'Europe, qu'il avait fascinés ou qu'il opprimait ; un instrument de ruine pour la France, un Pactole pour son trésor extraordinaire, une source de fortune pour tous les gens puissans à la cour, ou fau-filés dans ses couloirs. Enfin, l'on vit sortir de ces longues et hypocrites consultations, le ministère du commerce :

Parturient montes nascetur ridiculus mus.

Ce ministère, comme il fallait s'y attendre, resta dans les mains du conseiller d'état, qui, avec la qualité de directeur des douanes, avait déjà élevé la moitié de l'édifice du système, depuis qu'il avait été fondé par les immor-tels décrets de Berlin et de Milan, décrets qui auront dans l'histoire de l'Europe la célé-brité de ceux de Léon X pour la vente des indulgences en Allemagne ; décrets qui, après avoir six ans appauvri les nations au profit de la cassette de Napoléon, les ont réveillées de la stupeur qui faisait toute sa puissance. Après avoir léché pendant deux ans cette informe conception, lui avoir donné quelque figure à l'aide des profonds conseils de quelques contrebandiers déguisés (1), et de corsaires

____

(1) On n'oubliera pas qu'un homme qui a exercé une

insatiables qui s'étaient insinués dans sa confiance, il eût été souverainement injuste de ne pas lui laisser l'honneur de la produire au grand jour. C'est là que sont nés les juges prévôtaux des douanes, et toute cette législation tyrannique, destinée à régulariser le monopole de Napoléon, dans laquelle la cupidité a épuisé toutes ses ressources, pour

---

grande influence sur les mesures qui ont réglementé et aggravé les décrets de Berlin et de Milan a été un certain Lubbert, négociant failli de Hambourg. Il faut lire les deux lettres qu'il a publiées pour M. le comte Colin de Sussy, et à son adresse, en 1809. Son but, concerté sûrement avec des actionnaires dans la contrebande ou la course, était de prouver que le commerce très-précaire que faisaient encore les Etats-Unis avec nous, n'était qu'un commerce anglais, un commerce à proscrire par conséquent. Le piége le plus grossier réussit quand l'avidité de celui qui doit y tomber en fait l'appât. On acheva de proscrire le commerce américain. Alors Lubbert se mit à travailler activement dans la contrebande ; mais il n'avait pas pensé aux cours prévotales qui suivirent bientôt ses inspirations. Il y fut pris et condamné aux galères : il en est mort de chagrin. Ce sont là, comme on le pense bien, des faits que les deux commissions sénatoriales elles-mêmes ne seraient pas parvenues à faire imprimer, même dans l'espoir qu'ils servissent à faire ouvrir les yeux à Napoléon.

tirer quelque parti des inspirations de l'ignorance. Sans cette cupidité, sans cette ardeur à
faire arriver l'eau au moulin du maître, avec
les règlemens et la pratique de l'hôtel d'Uzès,
il ne serait pas sorti de France un ballot de
marchandises, ni entré un article étranger.
Les plus expérimentés des bureaux de l'hôtel
se perdaient dans l'explication des lois et des
décisions qui en sortaient, ou plutôt qui res-
taient ensevelies dans les ténèbres de ses
cartons; car on était sûr de trouver toujours
dans son chemin quelques décisions bien in-
connues, contre lesquelles venaient échouer la
plus légitime réclamation, et l'expédition la
plus conforme aux lois. Il n'y avait plus qu'une
simplicité ridicule qui pût s'imaginer qu'il y
eût moyen de s'accommoder, avec cette législation pour faire quelque commerce. Le secret
était qu'on ne voulait pas qu'il s'exportât ni
ne s'importât rien sans un permis. C'était le
secret de la comédie, que le ministère du
commerce fut enfin chargé de proclamer.

Que dire de ce ministère dont la seule
existence déclare à la nation que la fertilité
de ses champs, l'étendue de ses côtes et de
ses ports n'existaient que pour enrichir le trésor privé, et qu'il n'y avait plus faculté de
trafiquer que pour ceux qui seraient portés

sur la liste des éligibles aux licencés par les préfets, et sur la liste plus substancielle des élus par M. le comte Colin de Sussy ? Le beau privilége que celui de pouvoir, comme je l'ai entendu dire très-sincèrement par un très - honnête employé de ce ministère, qui parlait des services qu'il avait eu le bonheur de rendre dans la distribution des licences ; quel bonheur que de pouvoir jeter par-dessus l'épaule, cent mille écus à celui-ci, cinquante mille à celui-là, cent cinquante mille francs à deux autres ! C'est cependant pour organiser ce système de favoritisme, de révoltante partialité, qu'on a créé un ministère qui, depuis sa création, travaille dans un mystère qui suffit seul pour nous rendre ses intentions suspectes et odieuses. Pour sauver les apparences, on lui a donné l'adjonction d'un conseil de commerce où l'on fait jouer à quelques honnêtes négocians surannés et retirés, la comédie d'une consultation dont on se moque dans les derniers bureaux du ministère. Le vrai conseil de commerce, le seul qui puisse éclairer le gouvernement, c'est le corps législatif et l'opinion ; tout le reste est un appareil trompeur, une mascarade où la conscience pactise avec l'intérêt. Loin de nous ces jongleries dont les princes sont dupe et les peuples victimes. Ce n'est pas au gouvernement a donner à la France du commerce; la France ne lui demande que de ne pas lui ôter ce qu'elle tient de la nature, et de la laisser profiter de ses avantages.

Ce département, au reste, est imprégné des mêmes doctrines de monopole et de prohibitions que celui de l'intérieur. Il n'y a ni prospérité ni paix possible pour la France, si ces doctrines ne sont attaquées de front, terrassées, expulsées enfin des cartons de l'administration où elles se sont propagées tantôt sous la couleur républicaine, tantôt sous celle de la monarchie. On y travaille dans le vague des abstractions et dans le champ des conceptions pures, comme on a fait pour nos constitutions, au lieu d'opérer d'après l'expérience et les faits. On s'est échauffé la tête de je ne sais quelle idée fondamentale que l'Angleterre ne veut que nous ruiner dans ses communications avec nous; tandis que, si c'est là son but, elle n'a qu'à se borner à nous laisser faire, et que nous n'avons jamais été plus complètement ruinés que depuis que nous les lui avions interdites. On a prétendu que cette puissance faisait tout son commerce sous le pavillon neutre; on les a tous proscrits, et l'Angleterre nous a vus solliciter à ses pieds des licences pour exporter de chez elle des produits neutres que nous ne voulions pas recevoir des producteurs, directement ou par l'intermédiaire d'une tierce nation. On a voulu faire des créations de serre chaude en fabriques ; on a embarqué des capitalistes dans des entreprises folles en ce genre ; on a eu des compères qui ont joué la comédie ; on a prodigué tout le *galbanum* monitorial pour nous persuader que nous étions arrivés au dernier degré de perfection dans des fabrications importantes ; et cette perfection consiste à nous faire payer les produits de ces fabrications un prix double de celui qu'on en donnait il y a vingt ans, avec la perspective, à la paix, d'une contrebande que toutes les cours prévôtales et toutes les peines qu'elles peuvent infliger, ne suffiront pas pour arrêter. Le fait est que cette administration et ses principes ont détruit une quantité prodigieuse de capitaux, et qu'en les détruisant il n'ont laissé de salut qu'à quelques fabricans privilégiés par leurs relations, et qui, ayant pu soutenir le choc, étant débarrassés de la concurrence de ceux qui sont restés sur ce champ de bataille, ont élevé forcément leurs prix au niveau des dépenses et des frais que ces systèmes ruineux ont occasionnés.

Au milieu d'une oppression aussi froide-
ment calculée, on n'a pas craint de présenter
à la France et à l'Europe, dans la session de
1812, des tableaux fallacieux d'où il appert
que nous avions, sous l'empire du système
continental, un commerce plus florissant
qu'avant la révolution. On y présente, comme
un résultat favorable, que nous avions im-
porté par an, de 1807 à 1811, pour des dixai-
nes de millions de moins de denrées coloniales, c'est-à-dire qu'on nous donne comme un
avantage ce qui est une preuve de notre ruine.
On peut juger, par ce seul trait, de la bonne foi
et de la sincérité qui ont présidé à ce travail,
dans lequel, au reste, le grand homme et ses
ministres ne voyaient qu'une vaine pâture
donnée au corps législatif.

Pour donner une idée des lumières qui ont
concouru à déterminer la politique commerciale de la France, je ne puis passer sous silence un fait on ne peut plus frappant. M. Crétet, que nous avons vu vingt ans un des oracles de nos gouvernemens successifs dans les
matières économiques et commerciales, fut
un jour chargé par Napoléon de la mission,
sans doute inspirée par Crétet lui-même, de
réunir une assemblée de banquiers pour lui
proposer de faire une opération à l'effet de

relever le change de Pétersbourg sur Paris, qui baissait d'une manière alarmante et au point de faire craindre à Napoléon que le cri de l'intérêt public, sur les bords de la Neva, ne finît par prévaloir contre l'affection de l'empereur Alexandre, et par mettre fin à l'accession de la Russie au système continental. Croirait-on que jamais un homme capable d'une proposition pareille ait pu siéger dans un cabinet, et faut-il penser que le cabinet de Napoléon ait pu l'accueillir et l'autoriser? L'assemblée, et à sa tête le banquier que tout Paris voit avec une égale satisfaction occuper à la banque de France la place de M. Crétet, représenta promptement au ministre, que pour que le change de la Russie se relevât, il fallait que la Russie exportât plus de produits, qu'elle fît du commerce, et que c'était une plaisantertie que de penser à remplir cet objet par de simples opérations de change qui ne feraient, si l'on pouvait y penser, qu'accroître la dépréciation. Le ministre partit convaincu de la mauvaise volonté de l'assemblée, et retourna sans doute, suivant l'usage, pallier le vice de sa conception en échauffant l'esprit de Napoléon contre la banque et le commerce de Paris. C'était la règle sous ce règne ; jamais les ministres n'avaient tort ; comment l'auraient-ils eu ? Du moment où ils avaient fait adopter une idée à Bonaparte, celui-ci s'en passionnait, il la défendait comme sienne ; et si elle ne réussissait pas, il n'en fallait accuser que le mauvais esprit de Paris ou des départemens.

Bonaparte, au reste, et toute son administration, faisaient profession du plus grand mépris pour le commerce. On lui avait persuadé que l'esprit commercial était anti-monarchique ; qu'il n'y avait pas d'honneur dans un pays commerçant, et qu'il fallait que la France fût seulement militaire et agricole. Ce Ce qu'il détestait le plus dans cette classe de la société, c'était ses correspondances et ses voyages. Il aurait voulu faire de la France un vaste monastère, et cependant il voulait y lever tous les jours de nouvelles armées et de nouveaux tributs.

Relations extérieures.

Passerons-nous sous silence le ministère qui est essentiellement l'asile du secret, celui des affaires étrangères ? Comment omettre dans le tableau des principes pernicieux qui ont été l'ame du gouvernement de Napoléon, l'administration d'où sont émanées tant de doctrines perverses, tant de pamphlets imposteurs, tant de déclamations contre ce qui faisait la sûreté de l'Europe , tant d'anathêmes contre la liberté des peuples , tant de projets pour leur spoliation et leur asservissement ? Il a été une époque où l'on y découpait sur la carte de l'Europe, de nouvelles limites et de nouveaux aggrandissemens comme on l'aurait fait sur le plan d'un jardin. C'est delà qu'est sortie cette théorie nouvelle, qui a été proclamée si long-temps à la face de l'Europe, qu'il ne fallait qu'un maître au monde ; que l'équilibre était une chimère ; qu'il était légitime de faire au milieu de la paix, tout ce qu'on pouvait oser ; qu'on était en droit, ne pouvant atteindre son ennemi, de porter ses forces sur un tiers innocent, et qu'il était légitime de ruiner et conquérir des Etats étrangers à notre extravagante querelle avec l'Angleterre. On a appelé cela , dans des ouvrages qui ont fait du bruit, et qui ont pensé ouvrir les portes du sénat et de l'Académie à leurs auteurs, le complément du système fédératif de la France. C'est là qu'ont été justifiées ces spoliations audacieuses , ces invasions non provoquées , ces pillages organisés au milieu d'une paix profonde, qui ont autant et plus aggrandi et enrichi Napoléon que ses conquêtes. Les fameuses réunions des trois évêchés par Louis

XIV, dont toute l'Europe conservait encore un salutaire effroi en 1789, n'étaient que des plaisanteries auprès de l'invasion de la Suisse, de celles de l'Egypte, du Piémont, de la Hollande, de l'Etrurie, de Gênes, des Etats romains, et de tant de petits Etats au nord; invasions qui ont trouvé dans le département, des défenseurs prêts à proscrire ceux qui s'en affligeaient. Le galimathias double dans lequel cette doctrine révoltante a été enveloppée, l'air doctoral, oraculaire, sententieux avec lequel on l'a débité; la chaleur, la fureur avec lesquelles on l'a proné, mériteront l'attention de ceux qui voudront écrire l'histoire des prostitutions diverses, des hypocrisies variées qui ont fait fortune sous Napoléon. C'est là qu'on a fortifié Bonaparte par les sophismes les plus grossiers dans sa passion contre l'Angleterre, passion qui a été la source de la rupture de la paix d'Amiens, et qui l'a conduit de nécessité à une guerre universelle sur le continent. Jamais l'Europe moderne dans les momens où son indépendance a été la plus menacée, n'a vu un pareil débordement de jouglerie, d'impostures, d'audace, dans les écrits payés, inspirés par les prétendans à la monarchie universelle. C'est sur-tout après la sortie de

M. de Talleyrand du ministère, que ce funeste esprit de conquêtes, de violence et
de despotisme universel n'a plus eu de
frein, et qu'on n'a pas rougi d'en faire le
plus scandaleux aveu. « Nous ne voulons point
de principes, » disait M. de Champagny à un
auteur qui lui présentait un ouvrage politique.
Il l'a bien prouvé par les offices à jamais fameux
qu'il a passés dans nos discussions avec les Etats-
Unis, sur les décrets de Berlin et de Milan, et
à l'occasion de l'occupation et la réunion de
l'Etat romain ; il l'a sur-tout prouvé par les
lettres qui sont émanées de lui, par ses
conférences dans les affaires d'Espagne ; enfin
quelle preuve plus irréfragable que sa fameuse
lettre adressée au prince Kourakin sur la nécessité de détruire la constitution anglaise
pour donner la paix à l'Europe ? On a pris
le parti de la publier, comme un moyen de
donner le change, bien persuadé qu'on était
que les journaux anglais les répandraient
au moins dans les cabinets de l'Europe. On
traita la chose comme fabriquée, mais
personne ne doute de son authenticité. M. de
Champagny était entré dans la carrière,
en 1800, par un trait d'esprit. Il avait, comme
conseiller d'état, tiré Napoléon de l'embarras extrême qu'il éprouvait pour soustraire

au corps législatif, contre le texte de la nouvelle constitution , la connaissance du traité
qui venait d'être signé avec les Etats-Unis.
M. de Champagny suggéra l'expédient de
dire « que le premier consul envoyait le traité
ratifié qu'il avait conclu avec les Etats-Unis. »
Il faut convenir que pour qu'un semblable ex-
dient réussît, il fallait qu'il fût adressé à des
gens bien peu difficiles. Cela suffit pour l'établir capable de tout ce dont il s'est chargé
depuis ; et en effet, depuis les lettres et les
conférences dont j'ai parlé, jusqu'au décret
du 28 avril, portant révocation des décrets
de Berlin et de Milan, décret que d'après
les journaux américains, il servit anti-daté
à la légation américaine à Paris, pour embarquer le gouvernement américain dans
la discussion de la priorité de révocation,
de la part de la France ou de l'Angleterre, de leurs mesures recpectives contre
les neutres ; discussion qui a produit entre les
Etats-Unis et la Grande-Bretagne, une guerre
dont les conséquences sont incalculables pour
les premiers ; jusqu'à cet acte qui a été, je
crois, un des derniers de son ministère, nous
avons vu que rien n'avait pu rebuter la complaisance du duc de Cadore, ou fatiguer sa
souplesse.

L'une et l'autre ont été surpassées, peut-être, par M. Maret, dont le ministère sera notable par la confiance extrême avec laquelle il a vu arriver depuis dix-huit mois la ruine de la France et celle de Napoléon, au milieu des symptômes de défections et d'affaiblissement qui devaient, pour ainsi dire, lui crever les yeux. Il suffit de lire les rapports rédigés par M. de Bassano pour être envoyés au sénat, et la partie de ses négociations qu'il a trouvé bon de communiquer au même corps, pour voir qu'il n'a rien changé aux principes qu'il avait trouvés établis dans le ministère; seulement il a fait, ou du moins il a produit une découverte, au moyen de laquelle il a réchauffé la question du système continental. Il nous a appris; il a voulu apprendre à toute l'Europe, que ce système n'était autre chose que l'exécution des traités d'Utrecht; et avec cet argument, on a espéré donner, quelque temps encore, le change à l'Europe et à la France.

Mais outre qu'il y a une différence énorme entre les principes de neutralité que ces traités consacrent, et la doctrine du système continental que ces principes ont du remplacer; les deux moyens, considérés comme étant l'objet de la guerre de la part de la France, ont cette commune absurdité, ou plutôt cette commune impertinence, qu'ils la présentent comme guerroyant à extinction, pour faire observer à des tiers, qu'elle force d'ailleurs à coups de canon à s'y intéresser, des stipulations dont ils ne veulent point, et qui ne peuvent avoir d'effet pour elle, qu'en cas de survenance de guerre entre elle et l'Angleterre ; car il s'agit toujours de savoir, la France étant en guerre avec l'Angleterre, de quelle immunité jouiront les Etats neutres pour commercer avec les deux belligérents ; de sorte que de sa part, tout moyen de forcer l'Angleterre à l'exécution du traité étant épuisé par une rupture, ces sortes de stipulations sont dépouillées de toute espèce de sanction. La justice et la sagesse voudraient donc qu'elle laissât les tiers intéressés, libres de suivre, à cet égard, l'inspiration de leurs intérêts : mais en les forçant d'accéder à sa théorie, elle leur montrait par cela même, que tout son prétendu zèle pour la neutralité et la liberté des mers, n'était qu'un piége tendu à la crédulité des peuples et des cabinets ; qu'il s'agissait, au fond, de les jeter dans un système d'alliance offensive et défensive avec lequel elle entendait les lier dans toutes ses guerres futures avec l'Angleterre, et même envers et contre tous ; et comme la nature des choses nous fait prendre en haine le bien même qu'on veut nous forcer à recevoir, il fallait s'attendre que, la paix se faisant sur la base de quelque égalité entre Napoléon et l'Europe, les puissances maritimes auraient protesté contre le prétendu bienfait des traités d'Utrecht, l'auraient repoussé : et peut-être, afin de couper court aux vues insidieuses de Bonaparte, auraient solennellement renoncé même aux anciennes stipulations de ces traités en matière de commerce neutre.

Mais à quoi bon chercher des motifs et donner les honneurs de la discussion à des propositions qui n'étaient que de vains prétextes? Le système continental était fils légitime de deux idées pernicieuses, et dont l'une était le but, l'autre le moyen. Napoléon avait été imbu de l'opinion que l'état dont la seule existence, le seul nom frappait constamment sa domination au cœur, c'était l'Angleterre. Après avoir envisagé la position de la France, ses immenses moyens en tout genre, il avait aperçu que cette puissance une fois mise hors de combat, le monde lui était pour ainsi dire soumis. Il avait hérité du directoire, il avait été nourri par les mêmes personnes qui en avaient entêté ce gouvernement, de l'idée que

le seul moyen qu'on eût de réduire l'Angleterre, était de lui fermer les ports du continent. L'idée n'était pas difficile à concevoir ;
mais ce qu'on n'avait pas d'abord aperçu, c'est
que pour arriver à ce résultat, il fallait être
maître du continent ; de sorte que c'était en
exterminant le continent qu'on arrivait à join-
dre l'Angleterre. Voilà la progression d'opérations gigantesques et injustes auxquelles il
avait été amené. On se dissimulait l'odieux et
la violence de ces projets à force de sophismes. Depuis le directoire, il était reçu comme
opinion fondamentale, et cette opinion s'est
propagée dans des têtes qui sont loin de croire
à quel point elles sont entrées dans les folles
visions qui ont été la source de tous nos malheurs ; il était reçu que tout le commerce
neutre appartenait à l'Angleterre, ce qui est
d'une insigne exagération et d'une insigne
mauvaise foi. C'était une maxime consacrée,
que l'Angleterre voulait avoir le monopole
du monde. Telles étaient les folles idées qu'il
entendait journellement ressasser autour de
lui, que l'on voulait sérieusement faire partager à l'Europe, en les enveloppant d'un
langage entortillé, obscur, dans lequel on
affectait une grande anxiété pour l'indépendance commerciale de l'Europe. En voici une

phrase qu'il faut conserver comme un échantillon. On reprochait à l'Europe «l'inattention
et les méprises des gouvernemens qui tous,
hors celui de l'Angleterre, semblaient méconnaître qu'il existe des rapports intimes
entre les intérêts du commerce maritime et
les intérêts du système continental ; entre le
commerce général et le commerce national ;
entre le commerce national et le commerce
public. » On ne concevrait jamais que cet
amphigouri, qui a valu à ses auteurs beaucoup
d'honneur et d'argent, voulût dire aux états
de l'Europe qu'ils ne seraient indépendans
que lorsqu'ils fermeraient leurs ports à l'Angleterre, qu'il n'y aurait plus de neutres, et
que la France seule les approvisionnerait par
la voie de licences négociées avec Londres.

On reprochera toujours à M. le duc de Vicence de s'être prêté à continuer la comédie
de négociation qu'avait commencée M. de
Bassano après la bataille de Leipsik, et d'a-
voir trompé la France par des protestations
de paix qu'il n'a pas su ou qu'il n'a pas voulu
tenir. La différence d'un ministre à un commis, c'est la volonté. Lorsqu'un ministre porte
dans une crise aussi décidée, une opinion, au
succès de laquelle il croit que tiennent à-la-fois
le salut de l'état et celui du maître qu'il sert,

il doit quitter sa place plutôt que de se prêter à des complaisances qui n'ont pour but que d'employer sa personne à donner le change à l'opinion. Si la paix a paru à M. de Vicence, le 19 novembre, jour de sa nomination, ainsi que ses amis l'ont répandu, la seule chose qui pût sauver la France des malheurs qui la menaçaient, pourquoi, jusqu'à l'époque du passage du Rhin par les alliés, n'a-t-il fait aucune démarche, aucun acte décisif pour parvenir même à nouer une négociation? Pourquoi n'est-ce que le 6 janvier qu'il s'est mis en chemin pour le faire? Pourquoi a-t-il laissé annoncer pendant près d'un mois, comme imminent, un départ dont le bruit n'avait évidemment rien de sérieux? Pourquoi, enfin a-t-il continué pendant même plus de deux mois, à se prêter au système de temporisation qui devait tout perdre? Il n'y a que lui qui puisse répondre à ces questions et à celles que la France et l'Europe lui font tacitement, sur une fameuse expédition d'outre-Rhin, sur laquelle on n'est point encore suffisamment édifié, et à laquelle il est instant pour lui de prouver qu'il est demeuré aussi étranger que l'ont toujours assuré ses amis.

L'esprit de subversion et d'erreur qui s'est glissé dans toutes nos affaires, s'étant insinué aussi dans ce département, la marche et le ton de toutes nos relations en ont éprouvé l'influence. On a fait table rase des anciens traités entre la France et les autres états, de sorte que toutes nos relations, étaient en tout point, abandonnées à l'incertitude, à l'instabilité et au choc journalier des législations respectives. Cependant il n'était pas rare de nous voir hautement réclamer ces traités, quoique non renouvelés, quand la chose entrait dans nos convenances, et cela sous le prétexte des dispositions de la paix, qui n'avaient fait que rétablir les relations commerciales entre les états; et nous ne pouvions pas nous figurer que n'ayant pas consenti au renouvellement des pactes anciens à l'effet de n'en être pas liés, nous ne pouvions en revendiquer les avantages sans une grande injustice.

On s'est habitué à ne voir les traités de paix que comme des trèves et des expédiens pour arriver à de nouvelles guerres. Ce traité peut-il durer? Porte-t-il en soi des germes de stabilité, de concorde ou de divisions? Telles sont les questions qu'un sincère amour de son pays, un attachement véritable au prince, dicteront à un ministère à-la-fois honnête et éclairé. Ces questions étaient mises au rang des niaiseries. On s'est familiarisé à ne vouloir rien mettre sur le pied d'une véritable égalité entre la France et les autres états, à prétendre toujours d'autres avantages que ceux qui, dans des traités égaux, résultent de l'inégalité des proportions: inégalités auxquelles il faut bien se résigner, à moins qu'on ne parvienne à compenser amicalement cette inégalité dans les négociations; et ceci s'entend sur-tout des relations de commerce et de voisinage. Pour s'épargner l'étude et la réflexion, pour se conformer à des opinions populaires que les courtisans de l'opposition contre le traité de 1786 avaient mises en crédit, on a proscrit l'idée d'un traité de commerce avec l'Angleterre comme impraticable à exécuter, et comme ne pouvant produire qu'un traité nécessairement ruineux pour la France. On a déclaré qu'il était impossible à la France et à l'Angleterre de commercer et de naviguer en concurrence, et qu'il fallait éviter tout contact entre les deux nations. C'est avec ces opinions funestes que Napoléon a été confirmé dans son aversion contre l'Angleterre. Il a proscrit comme anglomane quiconque a tenu un langage différent, quiconque par ce langage lui signalait les écueils sur lesquels, en se passionnant contre cette puissance, il courait à pleines voiles: et des conseils pernicieux, de lâches complaisances n'ont cessé de l'exciter contre ceux qui ont cherché à détourner la France de l'abîme de malheurs où de pareilles doctrines la devaient plonger.

Des principes de la nature de ceux que je viens de relever, ont nécessairement dû influer d'une manière efficace sur les agens extérieurs de ce ministère. Comme on ne pouvait se soutenir ni s'avancer qu'en flattant les passions qui en étaient la source, Napoléon ne recevait que des rapports où la vérité des faits et celle des conséquences étaient également dissimulées ; et des correspondances irritantes, pleines de propositions et de projets d'intrigues, de violences et d'aventures sans cesse renaissantes. Nos agens diplomatiques n'avaient plus qu'un rôle continuel de fausseté à soutenir, plus que de l'opium à administrer pour endormir les Etats à l'approche des aggressions qui les menaçaient. Ils ne manquaient pas de présenter comme des sentimens hostiles, comme de la partialité pour l'Angleterre, ce qui était le grand cheval de bataille, toute hésitation de la part des cabinets à se livrer à nos séductions ; toute plainte contre la prépotence dont s'annonçait l'approche ; toute observation sur ses progrès, sur son éclat, lorsqu'elle le vait le masque ; toute représentation sur la violation des contrats les plus solennels. C'est ainsi que les gouvernemens succombent sous les lâchetés, sous les mensonges qu'ils inspirent, et qu'ils se précipitent, sans s'en douter, dans les abîmes qu'ils prescrivent à la servilité de leur ouvrir.

L'Europe, disons plutôt, suivant une expression plus ancienne et plus juste, la chrétienté forme bien évidemment une espèce d'association d'Etats, dans laquelle le maintien de tous les droits, la jouissance assurée des avantages respectifs, ne peuvent être garantis, ainsi que dans chacune des sociétés particulières qui la composent, que par l'équilibre, ou plutôt par le partage de la puissance. Du moment qu'un seul y pourra faire la loi, dès ce moment toute liberté, toute civilisation, toute lumière disparaîtront. Le premier besoin du maître sera d'étouffer tout ce qui peut, dans les sociétés particulières, exciter le patriotisme local qui en fait l'ame, tout ce qui, dans la confédération, unit les membres par des sentimens communs, et notamment les connaissances qui conservent au genre humain les traditions les plus essentielles à sa liberté et à son bonheur. Qu'on voye à quel point Bonaparte avait pris en horreur les presses de l'Angleterre et les écrivains de l'Allemagne ! Que la mort de Palmer, fusillé à Ulm sous les yeux d'un prince dont Napoléon était l'allié ; la persécution de M. de Villers ; celle dont a été menacé M. Zimmermann à Brunswick, servent à jamais de commentaires aux écrits fastueux dont se font toujours précéder les princes, qu'un excès de puissance entraîne à la dictature du monde, et qui ne peuvent jamais y parvenir qu'en l'abusant et en le divisant. C'est cependaut cet équilibre salutaire que des écrits fameux et des articles journaliers, inspirés et dictés dans ce ministère, ont tourné en ridicule ; dont ce ministère a prêché, appelé la destruction ; dont il a bientôt après, annoncé avec audace, et comme au milieu de la foudre et des éclairs, le remplacement par la volonté de Napoléon.

Napoléon ne pouvait se passer d'accepter la magistrature qui lui était offerte par ces écrivains généreux , et présentée comme devant faire le bonheur du monde ; car, ainsi que l'a dit un grand poète :

. . . . *Nihil est quod credere de se*
Non possit cum laudatur dís æqua potestas.

Aussitôt il s'est dit envoyé de Dieu pour châtier l'Europe, qui assurément avait bien mérité de l'être, de l'indifférence avec laquelle

elle l'a vu jeter les fondemens de son affreuse domination.

Cet équilibre ne peut exister que par un balancement dans les puissances, et ce balancement n'aura lieu qu'autant qu'il y aura plusieurs masses de forces. Mais il n'y en aurait point, s'il n'y avait que deux grandes puissances, comme Bonaparte l'a fait encore proposer par les écrivains qu'il a si souvent employés à jeter la confusion dans les idées des cabinets, étourdis des saccades continuelles qu'il donnait à l'Europe. « Partageons-nous le monde, disait-il alternativement à la Russie et à l'Angleterre, quand il était dans ses humeurs de séduction, ce qui lui arrivait pendant le temps qu'il recrutait ses forces pour quelque aggression nouvelle. « A vous la mer, et à moi la « terre, disait-il à l'une. A vous l'orient, et à « moi l'occident, disait-il à l'autre » ; et les flatteurs applaudissaient à de si hautes conceptions. Son instinct avait deviné l'horrible lutte à laquelle aurait conduit ce dualisme affreux, et il brûlait déjà de la voir commencer. Trois au moins, et non deux, sont le nombre des forces qui produisent l'équilibre politique. Une fois réduite à deux grandes puissances, l'Europe verrait bientôt la fin de ses libertés, puisque la destruction de l'une des deux, ou leur accord mutuel, donnerait un maître au reste, et partagerait le monde à deux, jusqu'à ce que l'anéantissement de l'un ravît à l'autre sa moitié. C'est la leçon, c'est le cri de l'histoire depuis ses plus anciennes traditions. Et cependant toute l'Europe, moins une puissance, l'a un moment oublié ! Et toute l'Europe a pensé payer cet oubli par son entière destruction.

Sortons enfin de ces systèmes follement monstrueux, pour rentrer dans la route de la sagesse et de l'expérience. Il n'y a de durable, de positif, quant aux liaisons des diverses puissances entr'elles, que l'intérêt de la sûreté générale, où se trouve la sûreté de chacun. Tous ces systèmes prédéterminés et invariables, que la diplomatie française a si longuement comparés, la discussion abstraite de la préférence à donner à telle alliance sur telle autre, sont des questions oiseuses. Les États se déterminent et se détermineront toujours par les circonstances. La seule règle invariable dans leurs alliances doit être de courir au secours de l'opprimé, et de s'opposer à toute prédomination. En revenant à ces idées, la France trouvera des alliés et des défenseurs parmi les États même que par douze ans d'aggression elle a presque forcés de soubaiter sa ruine. Mais ce vœu funeste a cessé ou dû cesser le 31 mars. Aujourd'hui, notre position est faite pour inspirer de l'intérêt, et porter à de sages réflexions. Personne ne peut être assez aveugle pour ne pas sentir que la France peut bien être bouleversée, mais non conquise; que vouloir l'humilier, ce serait semer des germes de nouvelles agitations, et qu'il est de l'intérêt de tous, et de celui de ses rois, qu'elle occupe dans la société européene un rang qui ne lui fasse éprouver, ni honte ni légitimes regrets.

Finances.

Nos finances, dont les désordres ont si puissamment contribué à nos révolutions, sont un édifice portant des inscriptions fastueuses, et qui ne renferme que misère et désolation. A l'avènement de Bonaparte, on fit de grands frais de verbiage statistique; on annonça de grandes vues de restauration, et, jusqu'au fameux budjet de 1813, on n'a point tari en éloges sur l'incomparable supériorité de notre système sur celui de tous les Etats voisins.

La vérité est qu'un impôt, annuellement augmenté et poussé hors de toute proportion, et des manque de foi journaliers, ont été les moyens habituels sur lesquels ce système a constamment reposé.

Dans la création des taxes, on n'a jamais pensé à la conservation des facultés réproductives de la nation; on a seulement examiné si elles étaient d'un produit abondant. On a long-temps, tous les ans, promis une grande réduction de la taxe foncière; et en 1811, je crois, on a annoncé au corps législatif une diminution de dix millions pour toute la France; mais on augmentait au même instant les centimes additionnels, de manière à les élever jusqu'à près de trente pour cent de la valeur du principal, ce qui rendait la promesse un véritable persifflage. L'assiette de l'impôt foncier a été réglée par les principes les plus despotiques. Les directeurs des contributions ont été laissés les maîtres absolus de la détermination des quotes individuelles, sans le moindre concours de la part des contribuables. On sait à combien de discussions cette partie de l'administration des revenus publics avait prêté sous nos rois; par combien d'essais on avait tenté de faire concourir les sujets, par des représentans, à l'assiette et à la répartition des taxes directes, notamment dans les pays d'états. Sous le gouvernement de Napoléon, le despotisme le plus complet a gouverné cet impôt-

Les administrations départementales, ayant perdu toute intervention dans la matière, et les préfets eux-mêmes n'en ayant qu'une de pure formalité, il a été livré à l'absolue discrétion du ministère et des employés de son choix.

La quote de chaque contribuable a été sujette à des variations, à des augmentations annuelles, qui suivaient celles des exploitations. Ainsi l'idée de cet impôt, prise de l'Angleterre, comme toutes les autres conceptions que nous lui avons empruntées, est devenue dans nos mains une source d'oppression. On a promis à la France un impôt immuable; nous avons un impôt désolant par sa variabilité. La cause de ce fléau se trouve dans les centimes additionnels qui sont annuellement augmentés, soi-disant pour des objets locaux, et qui, se versant au trésor, deviennent un fond public que le gouvernement est toujours tenté d'accroître, en leurrant la nation de la fixité du principal. Cela se peut faire d'autant mieux, que le contribuable n'est jamais dans la confidence de l'objet des centimes toujours croissans qu'on lui demande. On lui dit seulement qu'il doit un tiers en sus du principal, pour centimes additionnels : voilà tout ce qu'il sait, soit quant à la nature, soit quant à la destination de ces fonds.

J'ai entendu un employé supérieur du trésor dire que cette perception s'élevait à cent
vingt millions en 1811 ; c'était la moitié et
plus de l'impôt foncier. La vérité est qu'il
suffit de lire les décrets de répartition pour
voir que cette longue nomenclature des sous
additionnels, créée d'abord comme revenu
municipal, s'élevait, seulement d'après les
décrets, au tiers de l'impôt direct ; et personne ne doute que les préfets n'ajoutassent
aux rôles pour les dépenses départementales.
On nous a fait espérer des améliorations
considérables dans cet impôt par le cadastre-
ment ou le mesurement et l'expertise du territoire ; opération gigantesque qui coute quelques millions par an aux propriétaires de
fonds. Mais on ne voit-on pas que cette opération soit nécessaire pour arriver à la fixité ;
et si l'on en espère de l'égalité proportion-
nelle dans les quotes, l'espérance est encore
chimérique. Dans les provinces cadastrées, on
se plaignait depuis long-temps de l'inégalité
de l'impôt foncier ou des impôts qui le rem-
plaçaient ; la chose importante dans cette taxe,
c'est la fixité : l'idée qu'on puisse être augmenté dans ses quotes par l'amélioration de
ses exploitations, est une cause qui décourage
de les entreprendre. Il semble qu'il y ait à

cette fixité un obstacle insurmontable dans la constitution fondamentale de l'impôt. Il est impôt de répartition, puisqu'originairement chaque département a été imposé à une somme, et que cette répartition continue d'être faite annuellement. Il est en même temps impôt de quotité, puisque le contribuable ne doit payer que dans la proportion du quart au cinquième. Mais comment faire accorder dans la pratique deux bases qui s'excluent ? Comment s'assurer que les quotités réunies donneront la somme exigée ? Il doit résulter de l'impossibilité de les concilier, que l'une des deux bases est abandonnée : et ce n'est sûrement pas celle qui enjoint de verser au trésor la somme à laquelle le département est imposé.

L'impôt direct en général, connu en France autrefois sous les noms de tailles et vingtièmes, a été remplacé par des créations nouvelles dont la conception a été très-louable, mais dans lesquelles la connaissance incomplète des modèles qu'on voulait imiter a jeté la plus grande incertitude. Quoi qu'il en soit, on ramènera cette partie si importante de l'impôt aux vrais principes de la matière, si, comme dans toutes nos autres institutions, on y porte enfin le débat et la publicité, et si on y donne aux sujets le degré de participation, sans lequel tous les établissemens dégénèrent en tyrannie, et avec laquelle seule ils peuvent être préservés de la corruption.

Dans l'impôt indirect, toutes les mesures ont été forcées, et depuis long-temps déjà la diminution du produit avertissait de l'exagération des tarifs. Cependant on assure que Napoléon avait donné aux directeurs de cette partie des ordres qui ne tendaient à rien moins qu'à un doublement. Mais ce qui, au reste, réclame une instante modération, ce sont les tarifs des douanes ; nous ne conserverons pas, j'ose l'espérer, long-temps encore des droits qui ressemblent plutôt aux avanies d'un stupide pacha qu'aux perceptions d'un gouvernement sage, pour qui ce revenu sera toujours soumis à deux grandes règles : le désir de ne pas encourager la contrebande et celui de ne pas soumettre ses sujets à des privations déraisonnables, sans toutefois, par trop d'indulgence, priver leur industrie de la juste protection qu'ils en doivent attendre.

Toute la France a élevé la voix contre les droits réunis, et jamais il n'a été possible aux députés de la nation de faire entendre leurs plaintes ni de soumettre des vues de modération dans les formalités accablantes qui avaient paru nécessaires à la garantie des perceptions. Comment l'aurait-on fait ? Peut-on dire que le corps législatif fût admis à discuter et à voter les revenus et les dépenses de l'état ? Pour se convaincre du contraire, il suffit de voir au Moniteur et au Bulletin ce qu'on appelle, dans le dictionnaire politique du règne de Napoléon, la loi du budjet. Jamais dérision fût-elle plus complète ? Jamais comédie fût-elle plus insultante ? Comment le corps législatif aurait-il pu discuter en deux ou trois jours, en huit jours au plus, des créations d'impôts nouveaux, des augmentations d'impôts anciens, des répartitions de dépense, des crédits provisoires qui absorbaient ordinairement les quatre cinquièmes du budjet, et tout cela présenté en un petit nombre de lignes dont chacune aurait exigé plusieurs états de développement et des jours de discussion ? On en était venu à ce degré de mépris envers ce corps, que M. Molé, dans sa fameuse présentation du budjet en février 1813, n'a pas craint de dire, en répétant la phrase bannale, « qu'on n'avait aucun besoin d'aug-« menter l'impôt, » que la France avait un système de finance si bien ordonné, qu'elle était dispensée de recourir à des augmentations, « et qu'il lui suffirait d'élever les tarifs. » Ainsi porter l'impôt sur le vin, à Paris par exemple, de 3o à 5o francs, ce n'était pas une augmentation d'impôt. C'est dans ce discours fameux, que le jeune et digne élève de l'écrivain qui depuis douze ans écrit *ex professo* en faveur du despotisme, de M. de Bonnald, nous a dit pour justifier l'odieuse banqueroute faite sur les lettres de change de Saint-Domingue, « qu'aucun administrateur dans les « colonies n'avait le droit de délivrer des traites « sur le trésor, et que le trésor ne devait que « ce qu'il avait accepté : » deux opinions qu'il était également affligeant d'entendre sortir de la bouche d'un ministre de la justice et d'un orateur financier. C'était dans le même sens que je ne sais quel orateur de la même école, lorsqu'il y eut sénatus-consulte pour fondre, dans le corps législatif, ce qui restait encore du tribunat, dit « que les deux « corps ne cessaient pas d'exister, puisqu'ils « étaient réunis. »

Une des parties de nos finances où le règne de Napoléon a jeté les plus grands désordres, c'est la dépense. Jamais on n'a ébloui plus régulièrement une nation par l'étalage des comptes rendus, contre lesquels cependant nos ministres plébéiens avaient fini par lui inspirer la même horreur que celle que l'opposition aux fameux comptes rendus de M. Ne-

cker éprouva dans le temps. Aussi n'omet-
tait-il aucune occasion pour témoigner combien l'ombre même de comptabilité publique qu'il laissait subsister, lui était odieuse.
Le fait est que les comptes étaient un mensonge officiel non interrompu depuis son ave-
nèment. Son gouvernement avait débuté avec
la théorie des arrierés qu'il avait reçus du directoire. Cette théorie était trop commode
pour qu'il y renonçât. Tout ce qu'on ne payait
pas était considéré comme n'étant pas dû ; de
manière que dans les comptes la dépense et
la recette étaient toujours balancées , et qua-
draient merveilleusement ensemble. On était
tout étonné de revoir quelques années après
reparaître des dépenses appartenantes à ces
années qu'on avait itérativement déclarées
closes et soldées. On était d'une religion su-
perstitieuse pour la distinction des fonds et
des exercices, les deux instrumens essentiels
de ce système. Quand on ne voulait pas
payer, on répondait à la plus juste demande :
« Les fonds de l'exercice sont épuisés ; ou
« nous n'avons plus de fonds pour cette dé-
« pense-là. » Qu'on juge de la satisfaction que
donnait une telle réponse au créancier, qui
comptait sur son paiement pour l'entretien de
sa famille ou pour la suite de ses affaires, ou

pour honorer ses engagemens ! Ces coupures d'exercices et les distinctions de fonds, que nous avons copiés de l'Angleterre, sont encore devenus un vrai moyen de persifflage sous le gouvernement de Bonaparte. Conçoit-on que parce qu'il a plu au gouvernement d'un Etat, de diviser sa dépense par chapitres, d'attribuer à chacun d'eux certains fonds, et une somme limitée de fonds ; parce qu'il a voulu, avec raison, que l'on tint un compte séparé de chaque dépense et de chaque recette par année ; conçoit-on enfin, que la tenue de ses livres et de ses comptabilités soit une fin de non recevoir à opposer à ses créanciers ? On regarderait un particulier qui ferait aux siens une semblable réponse, comme un mauvais plaisant. Voilà cependant le système sous lequel nous vivons depuis le 18 brumaire ; et ce système a été préconisé comme une des plus belles découvertes qui aient jamais été faites !

Les employés chargés d'administrer ce système, semblables aux augures de Rome, s'en moquaient entr'eux, excepté quand ils en discutaient gravement au tapis verd, où il n'aurait pas été décent de paraître apercevoir la jonglerie. M. Defermon était le principal ministre de ce culte érigé à la banqueroute,

qui s'est enrichie, grâce à lui, d'un synonyme
dans notre dictionnaire, au moyen du mot
liquidation ; ce mot ne signifiant plus autre
chose, depuis que M. Defermon , comme
liquidateur général, a établi entre les deux
expressions la plus parfaite correspondance.
C'est lui qui a proposé le fameux décret qui,
eu 1805 ou 1806, a ordonné, sans toutefois
avoir été publié, que tout ce qui restait à
liquider (et il restait plusieurs centaines de
millions) fût définitivement forclos. Les fonds
de l'Etat étaient trop nécessaires aux guerres
que l'on méditait, pour être appliqués au
paiement de ses créanciers. On sent bien, au
reste, que les fins de non-recevoir des exercices et des fonds n'étaient qu'un subterfuge.
Le ministre et même les commis, levaient,
quand il leur convenait, la prohibition ; ils
désarmaient l'exercice ou le fonds spécial de
leurs respectives rigueurs ; ils étaient, après
tout, les maîtres d'en faire la proposition ; et,
dans quelques ministères, il y avait des employés qui faisaient, des créances frappées par
ces armes terribles, le trafic le plus scandaleux. Nulle part cette belle théorie n'a été
plus ponctuellement suivie qu'au ministère de
la marine. Il y a eu long-temps à la tête du
bureau des fonds, un M. Vernier qui en fai-

sait un profit considérable, et qui, pris en flagrant délit, a fini malgré le puissant et vif intérêt qu'a témoigné pour lui le ministre, par être renvoyé par Napoléon : ce dernier, n'entendant pas, en apparence, qu'on profitât des absurdités de son administration, qui ouvraient à la corruption la plus ample carrière. Il invitait au délit, et punissait violemment les maladroits qui s'y laissaient prendre. Nonobstant cela, il ne faut pas douter que, lorsqu'en dernier lieu, dans la session du corps législatif de 1813, les vingt-un millions ou environ, de créances de Saint-Domingue, ont été réduits, après dix ans de liquidation, à 7 millions; cette application du double principe de la liquidation arbitraire et des arriérés n'ait donné lieu aux tripotages les plus scandaleux.

Une des ressources les plus abondantes des finances d'un état justement gouverné, c'est le crédit : il n'y a qu'un gouvernement tyrannique qui puisse prétendre à tirer sur-le-champ de la poche de ses sujets, par la voie de l'impôt, des sommes considérables quand déjà les impôts sont arrivés fort loin, ni qui veuille les écraser par la charge du capital, quand il est possible de ne leur imposer que celle des intérêts. Etranger à toutes ces considérations,

Bonaparte et son gouvernement n'ont cessé, jusqu'au fameux discours d'ouverture du 17 décembre 1813, de protester contre le crédit. On sait la belle maxime qui échappa un jour au conseil-d'état, à un grand dignitaire qui voulant couper court aux objections que faisait quelqu'un à un projet qui paraissait subversif du crédit, s'écria : « Eh ! Messieurs, l'ab-« sence du crédit n'empêche pas le blé de ve-« nir au marché ! » Je connais des hommes qui ont exercé une grande influence sur l'esprit de Bonaparte, qui ont sérieusement soutenu que le crédit était une chose anti-monarchique. Il a donné dans ce piége comme dans beaucoup d'autres. « Dans les circonstances difficiles, a « dit un grand homme d'état, M. Hamilton, « on n'a que l'alternative du crédit ou du pil-« lage ». Napoléon n'a point hésité à donner la préférence au dernier ; aussi, comme on vient de le voir, en usait-il amplement. Un pillage scandaleux qu'il a commis, c'est celui par lequel il s'est emparé, en 1813, des biens des communes. On les a toutes spoliées, et j'ai des raisons de croire que ce projet a eu plus que la moitié du conseil pour lui. On a promis aux communes des rentes en remplacement. On a dépossedé les créanciers inscrits sur ces biens, de leur gage, et on les a forcés à transporter leurs hypothèques sur les rentes à donner en équivalent. Lorsque des opérations de ce genre se font, il n'y a plus dans le gouvernement que de la force, toute justice en est exclue. On ne conçoit pas comment le corps législatif n'a pas rejeté cette mesure avec indignation. De quel droit spolier des corporations de préférence aux particuliers ? Si leurs biens ne sont pas sacrés, aucuns ne le seront. On a fait valoir pour cette inique mesure, l'argument banal de l'avantage d'ôter les biens aux mains-mortes. Mais jamais on n'a assimilé les corporations municipales aux mains-mortes. Ensuite l'inconvénient de la main-morte peut bien être une cause pour ne pas consentir à ce qu'elle acquière : mais non pour la dépouiller : en outre, combien n'est-il pas odieux de voir un gouvernement qui proscrivait jusqu'à la moindre idée de liberté, appeller à son secours la doctrine et les principes les plus exagérés de la révolution !

C'est avec de pareils moyens qu'on se consolait de n'avoir point de crédit, et qu'on soutenait les déclarations où l'on ne cessait annuellement de protester contre son usage.

La vérité est que le crédit sur-tout étant le produit de la justice, et en grande partie celui de la publicité dans les mesures du gouverne-

ment , une administration tyrannique et ténébreuse comme celle de Napoléon ne pouvait en avoir. Il ne voulait point du prêt, à
cause des moyens qui pouvaient seuls le
procurer et le maintenir. Cependant il voulait bien une dette publique , qui ordinairement n'est que l'effet de l'usage du crédit ;
mais il la voulait formée à sa manière ; c'est-
à-dire, par des emprunts forcés. Toute l'augmentation que notre dette perpétuelle a subie
depuis son avénement , et maintenant elle est
égale à ce qu'elle était en 1789 , est de cette
nature , à l'exception de la dette constituée
qu'ont apporté avec elles les provinces réunies
de l'Italie et de l'Allemagne. Une grande
partie est le résultat des liquidations de créances exigibles qui , après avoir passé par les
mains de M. Defermon , ont été inscrites au
tiers. Une autre partie provient d'arriérés qui
remontent à la fin du gouvernement direc-
torial, comprennent plusieurs années du gouvernement de Bonaparte, et qui ont été payés
forcément en rentes. Les cautionnemens exigés
des comptables sont un véritable emprunt forcé.
On ignore combien de rentes ont été créées
secrétement et sans que le public ait été mis
dans la confidence. J'imagine qu'on peut éva-
luer à vingt millions au moins de rentes les em-

prunts forcément faits sous ces diverses formes. Combien en aurait-il fallu pour combler les arriérés jusques et y compris l'année 1813 ?

Une des parades les plus grossières qu'ait joué Napoléon, c'est celle relative à l'extinction de la dette et au système de l'administration logée à l'Oratoire et décorée du nom de caisse d'amortissement. Depuis son avénement elle n'a rien amorti, (je me trompe, il appert du compte rendu de 1812 publié en 1813, qu'elle a éteint environ 200,000 livres de rentes depuis sa création). La raison en est claire ; il n'y a pas un sou de fonds d'amortissement *véritable*. On ne peut pas appeler fonds d'amortissement les 181 millions que cet établissement à encaissés provenansdes cautionmens des comptables. Il en doit les intérêts.

On ne donnera pas ce nom aux consignations, et encore moins à je ne sais quels fonds insignifians qu'on y faisait verser : comme les produits de la vente des effets militaires et autres de ce genre ; mais, indépendamment de ces considérations, comment la caisse d'amortissement a-t-elle pu servir de caisse véritable de l'extraordinaire au trésor public, lui prêter, seulement d'après le compte précité, quatre-vingt à cent millions, autrement qu'en réalisant une partie de ses rentes ?

Que savons-nous même si elle n'a pas prêté bien davantage ? La chose perce à travers toutes les involutions et les contre - passemens du compte de bilan que M. Defermon et M. Jaubert ont habituellement visé : compte qu'assurément ni l'un, ni l'autre n'a jamais compris ; mais dans le rapport duquel ils n'ont pu dire, sans trahir leur consience, que les fonds entrés à la caisse d'amortissement avaient été employés à leur destination légale. On voit dans ce compte que la caisse à un avoir de 536 millions et un débet de 521 millions ; ce qui lui laisse une solde en avoir de 15 millions. Voilà le résultat officiel ; mais si on examine l'avoir, on est frappé du vide qui s'y présente par-tout. On l'a voit par-tout créancière du trésor. On y lit clairement que la caisse d'amortissement n'est que sa caisse auxiliaire, qu'elle est même un agent de la caisse de service, et qu'elle prête à l'un et à l'autre le crédit supposé de sa signature. Elle a été employée comme instrument pour soutirer les biens du sénat et de la légion d'honneur, et des autres établissemens publics, et les remplacer par des rentes. On ne conçoit l'emploi de cet intermédiaire, que dans deux vues, l'une perverse, l'autre ridicule. On a voulu imposer au public par le transfert de ces biens à la caisse. On a espéré qu'une fois

nantie de ces valeurs, le papier qu'on se pro-
poposait de lui faire souscrire en aurait plus de
crédit ; et comme jamais gouvernement ne se
flatta de donner le change au peuple par de
plus grossiers artifices ; on espéra faire croire
à la nation que le fonds d'amortissement était
augmenté par cette richesse ; l'autre vue a
pu être de faire bénéficier la caisse, et par suite
l'amortissement, de la différence qui résultait
de l'intérêt servi sur le capital estimatif des
biens, à celui perçu sur les capitaux employés
en rentes, à 70 ou 80, taux des rentes à l'é-
poque de ces négociations. C'était là le seul
fonds véritable d'amortissement qui résultât
aussi des cautionnemens, et c'est pour l'obtenir qu'on en a réduit successivement les intérêts ; c'est à ce grivelage que s'est à-peu-
près reduit l'amortissement. Il faut qu'il y ait
eu dans les rapports du trésor et de la caisse
d'amortissement quelques autres viremens sin-
guliers, pour que, comme on en est informé
depuis long-temps, il se trouve aux caisses ou
dans les cartons du premier, une somme de
plusieurs millions d'inscriptions de cinq pour
cent. D'où le trésor peut-il les avoir, et comment un établissement pour l'amortissement de
la dette une fois posé, le trésor a-t-il pu être
en possession de cette masse d'inscriptions ?

Quel emploi se proposait-on d'en faire? Etait-ce pour payer la caisse d'amortissement? Pourquoi ne pas les lui remettre? Un pareil dépôt dans une institution aussi nécessiteuse est du plus grand danger ; et il n'y devait pas rester un moment.

Au reste, quant à sa manière d'opérer dans l'achat des rentes, la caisse d'amortissement a été une machine de hausse et de baisse dans la main du gouvernement; c'est ce dont on ne peut douter. Jamais il n'y aura d'application régulière de la salutaire institution d'un fonds d'amortissement, quand la publicité ne sera pas la base de ses opérations. On doit savoir le montant des fonds que le gouvernement y destine, l'époque, le jour de son emploi : autrement le fonds d'amortissement, qui doit être un moyen de prospérité et de profit, devient l'instrument des opérations les plus scandaleuses que puisse faire un gouvernement ; celles qui consistent à faire la hausse ou la baisse de ses effets, et à se mêler à la bourse, au jeu des parieurs sur ses ressources, sur sa justice et sur sa stabilité.

Rien ne prouve mieux combien la caisse d'amortissement souffre peu la lumière dans ses opérations, et le prix que mettait Bonaparte à ce qu'elle n'y pénétrât pas, que la manière dont les comptes en sont jugés et apurés. On ne croirait pas qu'une comptabilité aussi importante ait pu se soustraire à la chambre des comptes, et que l'empereur seul, par sa signature, en donnât la décharge. C'est cependant ce qui se faisait : c'est ce qu'on voit à l'ouverture des comptes que j'ai cités. Certainement une marche aussi illégale, d'un aussi dangereux exemple, n'était point suivie sans de nombreux et puissans motifs.

Le trésor, organisé d'une manière plus pompeuse que jamais, semblait avoir au plus haut point perfectionné ses attributions, qui sont essentiellement d'assurer la régularité, l'intégralité des recettes; de contrôler sévèrement la dépense dans la main des ordonnateurs et des comptables, et de prévenir ainsi, quant aux agens responsables pécuniairement, le jugement de la chambre des comptes; et quant aux agens ordonnateurs, l'abus d'une autorité aussi digne de surveillance que celle qui leur permet et permet à leurs sous ordres, de disposer sur les caisses publiques par centaines de millions. Ce contrôle est-il bien celui dont on se soit occupé dans les grandes améliorations qu'on s'est flatté d'avoir apportées au trésor ? On pourrait en douter, quant aux recettes, puisque nous avons vu un procès fameux intenté aux comptables et aux municipaux d'Anvers, et dans lequel un rapport au conseil d'état, dont il faut à la vérité bien examiner la valeur avant d'y ajouter foi, nous a appris qu'il se serait fait des détournemens de plus d'un million dans l'espace de quatre à cinq ans. Si le contrôle des recettes était très-exact, il aurait été difficile au receveur général des droits-réunis, M. Saint-James, l'intendant du roi Joseph, de disparaître emportant en deniers ou déficit quinze à dix-huit cent mille francs. On dira, peut-être que ce dernier accident est étranger au trésor ; mais qu'importe que ce soit le trésor ou la finance qu'il faille accuser ; et pourquoi, pour le dire en passant, cette faillite a-t-elle été couverte du secret et du mystère où elle est demeurée plongée ? Pourquoi l'administration qui a pris feu, justement sans doute, sur l'affaire d'Anvers, a-t-elle été si tranquille sur celle de M. Saint-James ? On a entendu parler de délicits énormes dans quelques recettes générales. Ou conviendra que l'esclavage de la presse est une chose bien commode pour qu'une administration puisse à la fois se targuer d'une grande surveillance et de la perfection de ses contrôles, et recevoir des échecs qui l'accusént aussi fort ! Quant au contrôle

des dépenses , je le crois encore bien plus dé-
fectueux que celui des recettes : cela doit
être , quand les ministres se sont au point où
ils l'ont fait, débarrassé de la publicité de
leurs comptes, la seule responsabilité qu'on
puisse leur imposer.

Le trésor s'est augmenté sous Napoléon
de deux établissemens qui ont beaucoup excité l'attention , et qui sont destinés à perfectionner ses écritures et à faciliter ses viremens. De là sont nées la tenue des livres en
parties doubles avec sa comptabilité centrale
et la caisse de service. La première création,
quelque méritoire qu'elle puisse être , ne vaut
réellement pas le bruit qu'on en a fait. On
conçoit l'utilité , la nécessité de l'introduction
des écritures commerciales dans le trésor. Elles
y étaient depuis long-temps , ou du moins la
loi d'institution de novembre 1791 l'a prescrit. Mais on peut très-bien douter de l'avantage des doubles écritures appliquées à ce
genre d'affaires. Quant à la caisse de service,
s'il ne s'agit que de viremens, la banque de
France aurait fait les mêmes opérations avec
beaucoup moins de frais, d'une manière beaucoup plus avantageuse à la circulation du pays,
et sans blesser les intérêts du commerce et de
la banque ; et l'on aurait évité dans les caisses

du trésor un véritable doublement qui doit
finir par devenir fatal aux anciennes caisses
ou à la nouvelle. Mais ce n'est là qu'un des
moindres inconvéniens de la caisse de service,
ou plutôt de sa principale destination. Cette
destination consiste à faire fonctions de machine à anticipations , et d'anticipations secrètes qui échappent au contrôle de l'autorité qui
doit régir souverainement la dépense et les
moyens. Le ministre du trésor peut, avec une
émission de mandats, faire de véritables emprunts et anticiper sur les revenus ; il faut espérer que cette dernière fonction sera sou-
mise au même contrôle que toutes les autres
branches du gouvernement.

Le grand, l'essentiel changement apporté à
l'établissement du trésor en France , changement qu'il faut assurément maintenir , consiste dans la centralisation des recettes et dépenses, j'entends des dépenses générales: pro-
testons de toutes nos forces contre celle des
dépenses locales à Paris. Autrefois, et cela résultait de l'état vraiment fédératif du royaume,
autant que du mauvais ordre des finances , il
y avait plusieurs caisses faisant, pour ainsi
dire, souverainement la dépense et la recette
dans diverses provinces. Le roi y faisait payer
localement, par des assignations perpétuelles,

des dépenses d'une nature générale. On n'apportait à Paris aux caisses, soit par écritures, soit par versemens, que les reliquats des recettes, ces assignations payées, et de là venait au trésor le nom d'*Epargne*. Cet établissement était vicieux ; M. Necker déjà l'avait en grande partie détruit ; la centralisation n'a été achevée que sous la constituante, et c'est un des bons travaux qu'elle ait faits. Mais craignons d'envisager comme un perfectionnement ce qui n'est qu'un excès, et la cumulation contre laquelle je réclame est un des plus dangereux qui se puissent imaginer.

La comptabilité est le couronnement de l'édifice de la finance. On a réorganisé la chambre des comptes, mais elle est, pour ainsi dire, nullifiée par un seul article de la loi qui l'a rétablie. Il y est dit « qu'on ne pourra jamais refuser à un comptable l'allocation d'un paiement pour lequel il y a ordonnance. » Avec un pareil article il n'y plus de comptabilité. Il ne manque jamais d'ordres pour faire sortir l'argent des caisses publiques ; seulement il faut prouver qu'il en est sorti pour un service effectivement fait et pour un service légal. Conçoit-on que des ministres injustes jusqu'à la tyrannie, lorsqu'il sagissait de reconnaître les réclamations les plus légitimes, d'approuver les actes les moins susceptibles de contradiction, aient voulu se donner cette excessive facilité d'ordonnancer à tort et à travers, et que d'un coup de plume, ils aient ainsi renversé toutes les lois relatives aux comptabilités dont notre législation ancienne sur-tout était pleine? Ce qu'il y a de curieux, c'est qu'ils s'arrogeaient le droit de faire rejeter les mandats des ordonnateurs secondaires, au moyen de la révision préalable qu'ils faisaient des comptabilités primitives : ainsi c'était réellement pour eux seuls qu'ils avaient fait passer cette singulière disposition.

Au reste, sous une organisation pareille, il ne faut pas espérer que la chambre des comptes puisse remplir sa haute destination. Cette destination n'est pas seulement de punir, d'apeler à restitution quelques comptables infidèles, c'est sur-tout de prévenir la grande dilapidation des premières autorités ; c'est à cela qu'était commise autrefois cette cour. Qu'on la débarrasse d'un encombrement fastidieux de comptabilités, qui seront beaucoup mieux jugées sur les lieux et chez ceux que la levée et l'emploi des deniers intéressent directement, des comptabilités départementales et communales, et qu'elle s'occupe de remplir cette mission. Par la loi de rétablissement, on a semblé vouloir y revenir en autorisant à faire un rapport annuel sur les grandes questions des dépenses et de recettes, le grand didignitaire qui, sous le titre d'archi-trésorier, et avec un immense traitement, exerce sur les finances de France, la même influence qu'exerçait l'électeur de Saxe sur celles de l'empire germanique. Nous sommes encore à voir un de ce ces rapports; s'il en a été fait, ils sont demeurés dans les cartons du cabinet, bien secrets et par conséquent bien inutiles.

Bonaparte, dans cette partie comme dans toutes, après s'être assuré pour lui de la puissance illimitée, s'inquiétait peu de ce qui se passait dans les détails. Il croyait y avoir amplement pourvu dès que, par le rétablissement de la chambre des comptes, il avait fait débiter quelques oraisons ambitieuses et fait jouer une comédie de robes rouges et noires, qui le faisait proclamer le restaurateur de la magistrature; il ne s'embarrassait pas du reste. Il ne pensait pas que, pour que ce tribunal, comme tous les autres, remplisse ses devoirs, il lui faut, comme à tous, le frein de la publicité et de l'opinion. Mais comment la chambre des comptes peut-elle concilier avec ses devoirs l'admission de sorties du trésor qu'aucune loi n'autorise, ou qui sont expressément contraires aux lois ? Où sont celles qui ont déterminé pour les grands dignitaires les paiemens énormes qu'ils en recevaient ? Comment a-t-elle pu passer au caissier du trésor des paiemens annuels pour la rente à faire aux trois frères de Napoléon, à raison d'un million chacun, quand ils ne la recevaient pas ? Il faudrait faire autant de questions qu'il se faisait de distributions et de gratifications clandestines, et le nombre en est énorme, pour montrer à quel point la chambre des comptes, comme toutes les autres institutions, est devenue une pompeuse inutilité. Pour dire la vérité, il faut avouer que la chambre des comptes, révolutionnée comme l'ont été les autres grandes compagnies, n'est plus qu'un fantôme ; qu'elle ne ressemble pas plus à la compagnie qu'elle remplace, que la cour impériale ne ressemble aux parlemens, et que la haute comptabilité de la France, comme tous les autres genres de contrôles, ne peut être administrée que par les deux corps qui doivent, avec le roi, composer la suprême autorité.

Pour achever sur nos finances, il faut dire un mot de la banque. Cette sorte d'institution semble, depuis un siècle, destinée à ne jamais réussir en France. Depuis la banque de Law, nous avons vu successivement la caisse d'escompte et les banques nées de la révolution, succomber sous des vices fondamentaux d'organisation et sous l'influence du gouvernement dont ces vices même ont été la suite. Napoléon et ses conseils, lors de la reconstitution de la banque en 1806, les ont aggravés.

C'est peut-être une des matières dans lesquelles il ait été le plus positivement mené par la bassesse, la cupidité et l'ignorance de ses inspirateurs secrets et de ses conseils officiels. J'ai vu une lettre qui fut écrite pendant la première guerre d'Autriche, pour être mise sous ses yeux, à l'occasion de la suspension du paiement des billets de banque à la fin de 1805, et dans laquelle on disait à Napoléon qu'une banque était une institution anti-monarchique. La lettre était écrite par un fonctionnaire destitué jadis pour cause de sentimens ultrà révolutionnaire, ce qui n'annonçait guère un homme fort épris de la monarchie; on n'en proposait rien moins que la destruction. Cependant, l'oracle de l'administration intérieure et financière, M. Cretet, avait une prédilection décidée pour la banque; il la sauva du naufrage, et fournit des plans de réorganisation. Le premier tort fut de porter son capital à une somme aussi forte que quatre-vingt-dix millions. Cette somme,

que l'émission du papier doit presque dou-
bler, ne peut être employée de long-temps à
Paris; et elle serait trop petite, si la banque
étendait ses opérations aux provinces; mais,
malgré le désir qu'en avait Napoléon et tout
son ministère; malgré la vanité qu'ils mettaient à cette extension, pour montrer que la
puissance peut égaler les effets d'une justice
long-temps éprouvée, ils échouèrent : les
provinces étaient toujours sous l'empire d'une
crainte salutaire sur une circulation dont la
source est sous la main d'un gouvernement
sans contre-poids. Les actions, malgré les
efforts de Bonaparte pour en forcer le place-
ment parmi toute l'aristocratie de sa cour et
de son armée, ne purent être placées en tota-
lité; il en est toujours resté huit à dix mille
dans le porte-feuille, sans compter peut-être
celles qui, n'ayant jamais été que souscrites,
n'ont pas été levées. J'ai ouï dire qu'on avait
accordé cette petite facilité à la caisse de
Jabach, pour à peu-près deux mille. N'est-ce
pas une preuve encore de la terreur qui a
dominé les actionnaires, que de voir qu'ils
n'aient jamais osé demander la moindre explication sur ces actions dormantes, qui cependant continuent de figurer dans le capital
comme si les fonds en étaient faits, et aux-

quelles, dans les comptes, dans celui du 25 janvier dernier, on attribue des dividendes? Quelle
opinion devons nous avoir de notre véracité,
quand nous entendons dire que la banque de
France a quatre-vingt-dix millions de capital,
lorsqu'il s'en manque au moins dix millions?

Outre l'excès dans le capital, la constitution de la banque devait présenter encore bien
d'autres défauts essentiels.

Napoléon, frappé sans doute de la nécessité d'y placer un élément très-fort de monarchie, comme on avait coutume de dire
quand il s'agissait de justifier quelque nouvelle absurdité, c'est-à-dire, de la mettre dans
sa main, tenait à une seule chose : c'était
qu'il y eût un gouverneur de sa façon. Nonobstant l'opposition de toute la régence ou de la
censure de la banque d'alors, et celle de l'opinion, le gouverneur passa, et M. Cretet fut
mis à la tête d'une des machines les mieux
construites, pour spolier les actionnaires, qui
se soit jamais vue. M. le comte Jaubert, avec
autant de lumières, et moins de fermeté que
son illustre collègue, était destiné à opérer
la spoliation. Il a reçu cent ou cent vingt
mille francs de traitement pendant environ
sept ans, la jouissance d'un palais, et environ
huit mille francs de jetons de présence, sans

compter l'immense patronage, pour donner au gouvernement, à-peu-près tout le capital de la banque, mener à la baguette tous les régens, les menacer, au besoin, de la colère du maître, et apprendre aux actionnaires qu'*entendre* un compte signifie l'écouter. Il a cependant prévu que le moment de la responsabilité approchait, et, dans la séance fameuse qui a suivi de peu de jours la suspension des paiemens, il a senti qu'il fallait essayer d'obtenir, à la faveur du silence qu'inspirait la terreur qui durait encore, une sorte de légitimation tacite de la spoliation dont il avait été l'instrument.

Cette indigne abnégation de ses devoirs, cette frauduleuse et perverse violation de son mandat, resteront - elles impunies ? Quoi ! M. Jaubert, vous qui avez fait rendre contre tant de fonctionnaires des décisions si tyranniques, voilées du prétexte d'une aveugle sévérité, vous vous êtes cru autorisé à jeter dans les rentes trente ou quarante millions du capital disponible, et qui devait le rester, de vos commettans; à donner au trésor cinquante autres millions contre des engagemens dont vous n'aurez pas donné de votre poche cinquante pour cent, et que vous avez laissé indéfiniment renouveler ?

Voilà comme on s'est habitué, sous Bonaparte, à faire hommage, contre des deniers comptans de gratification ou contre des faveurs pour soi ou les siens, de toute justice, de tout devoir même envers lui. Voilà les hommes dont la lâcheté, dont la cupidité perd les princes et les états! Ils ont laissé sur les bords de la Loire où ils les ont continuées, les dernières traces de leurs trahisons envers la France et envers leur maître. Ils viennent sur les bords de la Seine chercher un nouveau pays à perdre, un nouveau prince à tromper. Les actionnaires de la banqne de France n'ont plus d'espoir que dans la justice et dans la générosité du roi et de la France. Leur capital a été tripoté contre des valeurs du trésor. Si ces valeurs sont respectées, et elles doivent l'être, la banque peut reprendre tout son éclat, tout son crédit, et se préparer à rendre au commerce, à la circulation, au trésor même, les services qu'ils ont respectivement droit d'attendre d'elle.

Mais disons la vérité; sur la matière des banques nous sommes encore à poser les véritables bases de l'institution. Comment en serait-il autrement? Elles sont à peine créées, qu'elles sont entraînées hors de leur véritable cause, et jetées, par le fait même de leur constitution, dans une route de complaisance sans bornes pour le gouvernement, et pour ses besoins imaginaires ou réels. Une fois entrées dans cette route pernicieuse, leurs administrations n'ont plus ni le temps ni le désir de s'occuper des travaux qui corrigent, à l'aide de l'expérience, les ouvrages incomplets, et les font arriver à leur perfection. Napoléon, au moment de la plus grande splendeur du crédit des effets publics, tant ceux de la banque ceux de la dette, vers le milieu de 1810, a été obsédé par des faiseurs hors du ministère, et dans le ministère, qui l'ont persuadé qu'une banque, n'avait nul besoin de capital pour remplir sa destination : qu'en conséquence, **la banque** qui se trouvait alors avoir dans ses caisses 70 à 80 millions d'écus, devait être forcée de les employer ou en achats de rente ou en engagemens du trésor. Le premier emploi s'est successivement opéré ; le second a eu lieu plus tard : les difficultés sont venues, les embarras, les désastres ; au lieu de s'exécuter au premier moment de gêne pour payer la banque et la conserver, on l'a regardée comme le créancier le moins urgent. On s'est jeté tête baissée dans les opérations les plus ruineuses ; au lieu de viser au crédit qui, dans les grandes difficultés de finances, est comme le gouvernail dans la tempête, la banque a été jetée dans l'abîme où sont tombés les quatre ou cinq établissemens qui l'ont précédée.

Il n'y a point de banque possible sans une responsabilité formelle, individuelle des directeurs. Voilà la première base de cette institution. Après cela, et quant à l'idée que le capital soit inutile à la banque, c'est un paradoxe qu'on prend dans des analogies qu'on n'entend pas. Il faut au contraire à la banque un capital. Elle doit à la foi publique surtout, et ses directeurs doivent à la sûreté de leurs commettans, de le conserver, de le défendre, d'en appeler aux lois lorsqu'il est attaqué. La sanction de ces lois est dans la publicité, dans la liberté des assemblées générales. Il en est là, comme il en doit être dans le gouvernement de l'Etat, comme il en est dans ces gouvernemens qui, suivant la noble expression de Montesquieu, « ont cepen-« dant pris leur origine dans les bois. » *De minoribus principes ; de majoribus omnes deliberant.* Hors de là point de salut ; hors de là il n'y a point de banque, il y a tripotage sous l'égide de ministres plus ou moins influens. Mais la chute du ministre amène inffaillible-ment la ruine du tripot qu'il a manœuvré ; et malheureusement celle des honnêtes gens qui, sur l'enseigne, ont eu la bonhomie de se jeter dans l'association.

Une opération de finance qu'il ne faut pas oublier, et dans laquelle l'esprit d'injustice, d'ignorance et de rapacité du gouvernement de Napoléon se sont manifesté, c'est la refonte des monnaies. Lorsqu'on a voulu mettre les écus et les louis hors de circulation, au lieu de les faire refondre comme le veut la justice aux frais du trésor, on a fait supporter aux sujets les dépenses de l'opération. Si jamais il y eut une vérité, qui cependant n'a pas besoin de démonstration, c'est celle-là. C'est un instrument public qui doit être refait aux dépens de tous, et non aux dépens de ceux qui se trouvent en être détempteurs, au moment où il devient nécessaire de le renouveler. Il y aurait encore beaucoup d'autres choses à dire sur le chapitre des monnaies. Pour introduire par-tout le système décimal dont nos savans, devenus administrateurs, se sont montrés entêtés jusqu'à l'intolérance, on a voulu que la proportion du pur à l'alliage, fût de neuf sur dix : d'où il est résulté que, pour arriver à des coupures de pièces qui cadrassent encore avec cette division, on a baissé le titre des monnaies nationales de près de un à un et demi pour cent : et c'est une erreur. La France était au même degré de fin que les deux grandes puissances banquières et commerçantes de l'Europe, l'Angleterre et la Hollande, avec lesquelles elle change et vire continuellement et communément avec solde contr'elle; il s'en suivra une plus grande exportation de métaux de chez nous chez ces puissances. Que par le taux actuel on ait pris le titre d'Espagne, et que la piastre puisse être sur-le-champ frappée, cela ne prouve rien quant à l'argument qui précède et qui est fondé en fait. L'Espagne elle-même perdait chez nous à cause de son titre. Nous perdrons chez nos voisins. C'est une erreur que ne devaient pas commettre des administrateurs qui, depuis quinze ans, se vantent d'avoir atteint la perfection, et la chose devait au moins être discutée. Ce qui annonce qu'on est encore bien éloigné de la perfection dans cette matière, c'est la prohibition de l'exportation des métaux précieux qui a été rigidement maintenue, et qui ne sert qu'à faire gagner des commissions à quelques maisons des deux rives du Rhin, aux dépens des commerçans qui pourraient bien faire leur affaire eux-mêmes, sans recourir aux facilités que se procurent ces maisons, car par-tout

Il est avec le ciel des accommodemens.

13 *

Terminons sur ce chapitre inépuisable des finances. Il y a deux choses dont les gouvernemens voudront toujours abuser, le pouvoir et le trésor ; mais si l'on y prend garde, on ne veut du pouvoir que pour disposer du trésor. Pour soi ? hélas non : les besoins du prince sont aisément satisfaits ; mais pour une troupe de riches affamés qui lui vendent au poids de l'or, les démonstrations les plus fausses ou la plus détestable adulation. Heureux lorsqu'ils sont de bonne foi ! L'argent, l'argent, voilà le but des usurpations et des désordres où sont poussés les souverains, et qui amènent les révoltes et les révolutions. Les prétendus amis du prince ne sont, pour les quatre-vingt-dix-neuf centièmes, que les amis du trésor. Tant qu'il le commande, tant qu'il en dispose, ils lui sont dévoués. Ils l'abandonnent dès qu'il en a perdu l'empire. Les lâches et perfides conseils de Bonaparte l'auraient suivi au Tibet, s'il y eût eu un empire à tyranniser sous lui, et un trésor à se distribuer. Malheur aux peuples qui n'ont pas des constitutions qui leur garantissent leurs bourses ! Ceux qui peuvent y puiser arbitrairement, sont les divinités du pays, et il n'y a point de sacrifice que tout ce qui vit du trésor public, ne soit prêt à faire. C'est pour

disposer arbitrairement du trésor, que Napoléon a renversé les faibles barrières qu'une
vaine et ridicule constitution lui avait opposées. Aussi en a-t-il largemeut usé et abusé?
L'abîme qu'il a creusé dans cette partie, effraie
l'imagination. Comment la France en sortira-
t-elle ? C'est ici que l'Europe nous attend.
Un présage assez sûr de ce que nous ferons
(et non pas de ce que nous dirons), dans
notre gouvernement politique , sera la manière dont nous opérons pour le combler.
De la justice avant tout, et de la ponctua-
lité dans les engagemens; ensuite de la résolution à trouver les moyens de les couvrir,
à retrancher les gratifications énormes et les
traitemens excessifs de nos hommes nouveaux
qui, après avoir publié le livre rouge et fait
la banqueroute, ont tourné au profit de leur
avarice tous les retranchemens promis, et
profité de la spoliation des créanciers de l'Etat :
voilà les deux grandes voies de rétablissemens
et de salut que nous offrent à-la-fois la raison et
l'expérience ; voilà les remèdes pour lesquels
la nation et les représentans concourront
avec ardeur aux vœux du roi. Hors de là,
nous ne pouvons que semer d'épines le trône
que le roi va reprendre.

Secrétairie d'Etat.

Les ministères de la justice et de la secrétairerie d'Etat, deux nouvelles créations, dont l'une remonte au commencement de nos troubles, et l'autre à l'avènement de Bonaparte, sont deux départemens parasites, et qui font l'un sur l'autre en beaucoup de points un double emploi. Le dernier n'avait et ne pouvait avoir de fonctions propres que celle de tenir la plume aux conseils privés ou d'administration, si toutefois il y avait registre de ces délibérations, et sous ce rapport, c'est un simple secrétaire du conseil. Le contre-seing des décisions souveraines appartient de droit au ministre qui les a proposées, ou dans le département duquel elles se trouvent, et c'est par là qu'il s'en constitue responsable. Le ministre en doit conserver les originaux; et les fonctions d'archiviste de tous les ministères, ne peuvent plus devenir l'objet d'un ministère séparé. Quant à l'apposition et à la garde du sceau, solennité qui, avec raison, était autrefois entourée de formes scrupuleuses, et dont l'importance frappera, si l'on considère que le sceau est presque le seul signe d'authenticité que puissent porter les actes du prince, cette attribution fut d'abord donnée au ministre de la justice; et si le secrétaire d'Etat n'en eut pas été revêtu, on ne lui connaîtrait aucune fonction vraiment ministérielle. Il est résulté de là que le ministre de la justice qui devrait, comme agent de la publication des lois, être assuré sans intermédiaire de leur vérité, se borne à les certifier conformes sur la copie qui lui en est expédiée par le secrétaire d'Etat. Le travail dont ce dernier s'était rendu l'intermédiaire pour tous les antres ministres auprès de l'empereur, est une véritable usurpation faite sur leurs départemens respectifs, une confusion de gouvernement qui n'a pu sortir que du chaos organisé, au centre duquel s'était placé Napoléon. Si l'on pouvait demander raison, soit des noms, soit des choses à un pareil gouvernement, qui semblait se faire un jeu de créer les titres et les charges les plus hétéroclites, on chercherait à savoir pourquoi la dénomination de secrétaire d'Etat donnée par excellence à une place dont l'institution fut de remplacer le secrétaire du directoire. En rentrant dans la monarchie, il fallait prendre les dénominations, et rétablir les places analogues à sa nature. Tous les ministres sont essentiellement secrétaires d'Etat; c'est ce que montre la titulature, qu'ils portaient autrefois en France comme en Angleterre, les deux monarchies de l'Europe qui fussent les plus analogues par leurs bases et leur administration. C'est le titre qu'ils portent encore en Angleterre. Celui de ministre n'est point un titre légal : il leur est donné pour indiquer les fonctions d'officiers ministériels qu'ils remplissent auprès du roi, et leur dénomination de secrétaires, rappelle que le gouvernement, quant à la partie exécutive, étant dans la main du roi, c'est de lui qu'en doivent émaner les décisions. Il n'y a pas très long-temps qu'en France les rois signaient eux-mêmes les ordres d'administration et les correspondances avec les ambassadeurs. Cette exposition des fonctions ministérielles n'est pas aussi subtile que *la procuration d'action* ou *d'exécution*, je ne sais laquelle, qui leur est attribuée par la constitution de l'an 8 ; mais elle est conforme aux principes du gouvernement et à l'expérience ; elle met les ministres à leur vraie place, elle sert à se demêler dans le dédale de fonctions et de caractères que les nôtres se sont attribués, et dans lequel ils ne se reconnaissent pas eux-mêmes.

Il faut espérer que ce chaos d'attributions sera quelque jours débrouillé, et que le sceau qui doit servir à solemniser les actes, pour ainsi dire législatifs du roi, et les commissions d'une certaine nature, reviendra au chef de la justice, quelque nom qu'il conserve dans nos futurs établissemens.

Ministère de la justice et législation.

Au reste, dans l'état actuel des choses, et sous le gouvernement de Napoléon, le ministère de la justice était comme je l'ai remarqué au commencement, un ministère parfaitement parasite. En bonne règle, et hors la discipline des tribunaux, qui ne mérite assurément pas la peine d'occuper un ministère, on ne sait pas ce qu'un ministère peut faire pour la bonne administration de la justice dans toute l'étendue du royaume. La véritable garantie d'une bonne justice, des juges inamovibles et indépendans une fois posés, est dans l'organisation des ressorts ; elle est sur-tout dans la force et la considération de l'autorité quelle qu'elle soit, qui a reçu la haute mission de décider souverainement : et comme dans les matières jugées, si elles concernent des intérêts privés, il faut s'en rapporter à ces intérêts pour épuiser et découvrir les remèdes fournis par les lois ; que si elles concernent l'état, il suffit des avocats ou pro-

cureurs publics, royaux ou fiscaux, chargés d'office, de discuter et revendiquer ses
droits, pour les conserver et les défendre devant les cours supérieures; on ne sait réellement pas ce qu'un ministre de la justice peut
avoir à faire pour aider, pour protéger des
parties aussi fortement prémunies contre
l'injustice et l'erreur. C'est sur-tout dans les
questions qui intéressent l'Etat, que l'on peut
croire à la nécessité de son intervention ; mais
comme dans la plus grande partie, pour ne
pas dire dans toutes ces questions (hors les
questions criminelles), il y a toujours un
département ministériel demandeur ou dé-
fendeur, il faut s'en rapporter à ce ministère pour appeler l'attention du cabinet sur
un manque de devoirs de la part d'un avocat
ou d'un procureur-général, et pour amener
la chose à solution au centre du gouvernement, où doit toujours être rendue la justice
suprême.

C'était comme chef de cette justice, qui
réglait souverainement toute les juridictions,
que le chancelier, dans nos anciens usages,
avait une grande autorité. Comme alors la
législation était exclusivement dans la main
du roi et de ses ministres, sauf la promulgation où ces autorités trouvaient un frein salu-

taire, le chancelier était éminemment chargé de l'initiative de cette législation dans la partie concernant l'ordre politique et civil : et il veillait à ce que les autres départemens, dans leurs propositions, n'enfreignissent pas les lois fondamentales de la justice, que ces départe-mens, plus accessibles par nature, à l'esprit de convenance tendent toujours à faire plier, et qu'ils finiraient, si l'on n'y prenait garde, par exterminer de l'administration.

'Sous le gouvernement dont nous sortons, le ministre de la justice était bien loin d'exercer ces hautes et nobles attributions. On lui avait bien décerné la présidence de la cour de cassation, et même je crois des cours impériales, quand il jugeait convenable de la prendre. Quelque digne et respectable que soit cette cour par sa composition, on ne la comparera pas assurément, en fait de pouvoir, à celle que présidait le chancelier. Quand à sa participation à la confection des lois, il n'en avait aucune ; comme il n'y avait point de conseil de cabinet, il n'attrapait qu'à la volée quelques projets de décrets à leur passage dans les conseils d'administration, où d'ailleurs il n'était que peu ou point convoqué. Au conseil d'état, son intervention dans la confection de la loi, ne pouvait être que de forme, l'archichancelier par sa place, par son ancienne profession d'avocat, éclipsant naturellement le ministre. La refonte des lois civiles, à laquelle on a si abondamment travaillé depuis douze ans, était confiée, par commission, à des conseillers d'Etat : de sorte qu'à l'exception de l'envoi du Bulletin des Lois et de son impression, cette place était un vrai bénéfice simple, et, comme on dit en anglais, une *sine cure*, titre qui peut bien s'appliquer à un grand nombre des places si profusément créées et payées sous le règne de Napoléon.

Quoi qu'il en soit, depuis la fondation de la monarchie, jamais on ne fut si actif en législation qu'on l'a été sous ce règne, et jamais la justice n'a été (qu'on me passe l'expression) aussi souvent remuée. J'ai dit, à l'article du corps législatif, que l'idée des codes avait été suggérée à Bonaparte, et qu'elle l'avait séduit comme moyen d'occuper ce corps de l'ombre, pendant qu'il exploitait seul avec ses ministre la substance de la législation. Il y en avait, comme je l'ai remarqué déjà, encore deux ou trois en portefeuille, il y a deux ans. Dernièrement le ministre de la justice en a proposé un que la section du même nom, dans le conseil d'Etat, et le conseil, ont cependant rejeté.

Il voulait que l'on compilât dans l'énorme collection de lois rendues depuis la révolution jusqu'à ce moment, toutes les dispositions de ces lois encore en vigueur. Cette codomanie, qu'on me passe le mot, dont Napoléon a tiré un si grand parti pour son despotisme et sa vanité, a eu particulièrement sa source dans l'esprit des légistes méridionaux de la convention et des conseils, très-superstitieux adorateurs des compilations auxquelles Justinien a donné son nom. Ils devaient cependant être avertis, non-seulement par l'expérience de cette compilation fameuse, mais encore par celle de l'essai malheureux que fit leur compatriote Charondas, à la fin du seizième siècle, pour réunir toutes les dispositions existantes de nos lois, dans un Code qu'il baptisa également du nom du roi régnant Henri III, de l'inutilité absolue de ces travaux.

L'assemblée constituante avait bien posé, dans la constitution de 1791, la base de l'uniformité d'une loi civile destinée à remplacer la variété des coutumes; mais le fait est, qu'elle et les assemblées suivantes, même la convention, s'étaient sagement bornées à faire de toutes pièces, les parties de la législation civile que les changemens politiques avaient rendu nécessaires. Les points traités essentiellement par les coutumes étaient restés de côté, sauf les choses dans lesquelles on avait innové en matière de successions. Quoique le mot de *Code* eût été prononcé par la constituante, je ne puis me persuader qu'il fût entré dans l'esprit des jurisconsultes éclairés qui s'y trouvaient, de refaire, avec de nouveaux titres, toutes les parties de notre législation civile. Ce n'est que sous la convention, qu'un jurisconsulte du Midi, élevé depuis à une puissance et à une fortune dont il a été loin de faire un très-bon usage, a débuté dans cette carrière par la rédaction d'un ouvrage de ce genre, dont il a fait hommage à Napoléon, en lui persuadant que, s'il l'adoptait, à la gloire de César il joindrait celle de Justinien. Mais Bonaparte, allant plus loin que l'empereur romain, comme les jurisconsultes qui spéculaient sur sa vanité ont surpassé en flatterie le chancelier Tribonien et les conseillers ses collègues, voulut participer à la confection et à la discussion du Code civil. Un conseiller lui faisait sa leçon : et la postérité, en lisant les procès-verbaux et les commentaires du Code, apprendra que Napoléon, qui avait pour la justice un souverain mépris, a pu prendre part, avec ce qu'on a dû regarder comme l'élite des jurisconsultes de la France, aux discussions les plus épineuses du Code, notamment à celles concernant l'état des personnes et le domicile. Il n'y a rien de pareil à l'emphase avec laquelle ce travail a été annoncé et préconisé, que celle des ridicules préfaces du Code de l'empereur bysantin.

L'ouvrage en lui-même n'est une loi, c'est-à-dire qu'il ne dispose, que dans les matières sur lesquelles il innove, ou dans lesquelles il établit l'uniformité à la place des coutumes diverses. C'est ce qu'il fait pour les hypothèques, les successions et les contratsde mariage. Dans le reste, il n'y a plus rien de positif que sur les testamens, partie où l'on a compilé des ordonnances anciennes, qu'on ne sera pas moins obligé de connaître. Après cela on ne trouve plus que des aphorismes d'une généralité dangereuse ; ou bien, comme c'est sur-tout le cas dans la matière des obligations en général, que des règles extraites avec des ciseaux, de Pothier ou du Code romain, et que les jeunes gens studieux et les magistrats iront toujours consulter dans les sources.

J'ai relevé ailleurs les funestes suites des premiers articles du code, concernant la promulgation des lois. Ces mêmes articles, en ce qui regarde les droits personnels des Français et les naturalisations, sont un mélange incohérent de nos lois révolutionaires, qui auraient volontiers donné le droit de cité chez nous à toute l'Europe, et d'ordonnances tyranniques et surannées qui avaient enchaîné les Français au sol.

C'est dans les dispositions de ces ordonnances, tombées dans une entière désuétude sous les deux derniers rois, et dans celles des articles du Code civil qui les reproduisent, que Napoléon a pris l'étoffe du fameux décret d'août 1811, par lequel il s'est attribué le droit d'interdire aux Français tout service étranger, droit auquel nos anciens monarques n'ont jamais prétendu. Avec ces lois, les Français sont de véritables serfs de la glèbe, et si l'on remarque en même temps avec quelle facilité on devient Français, on ne sera plus étonné du mélange humiliant de fonctionnaires de toute nation, que présente la France dans toutes les branches des emplois publics. Avec cette apparente générosité, cette profusion d'immunités pour les étrangers, nous sommes devenus pour eux, le Code Napoléon nonobstant, un des pays le plus inhospitalier de l'Europe. Nous les incarcérons sur une simple demande; nous ne leur accordons pas le bénéfice des lois rendues pour les débiteurs nationaux insolvables. Nous les avons mis, sous le point de vue des droits civils, hors du droit commun du pays, en leur accordant largement les droits politiques et l'éligibilité à tous emplois ; c'est un renversement de principes qui fait rougir et qui va parfaitement de pair avec l'opposition qui règne entre le titre et la nature de toutes nos institutions ; cependant, on déclame à perte de vue sur la perfection et la libéralité de nos lois civiles envers eux. Le fait est qu'elles sont, sur ce point, des lois du onzième siècle , relativement à celles qui régnaient en France avant ces désordres introduits par nos lois révolutionnaires et aggravés par Napoléon. Les étrangers ne nous demandent pas de droits politiques ni de places; ils se contenteront d'être pour les relations d'affaires, pour l'action de la justice, traités comme les nationaux ; c'est le vœu de tous les traités ; c'est l'état des législations que, dans notre déclamation académique, nous n'hésitons pas de mettre au-dessous de nous pour la générosité.

Autant cette concession est juste, autant des assimiliations politiques sont dangereuses. On conçoit que lorsque la qualité de sujet n'est qu'un vain titre, comme elle l'était

sous Napoléon, la nation ne mette pas beaucoup de soin à se défendre de ce genre d'invasion.

Un des principes de restauration auquel il
est urgent de revenir, si nous avons enfin un
gouvernement où les citoyens aient quelques
droits, c'est cette facilité à recevoir les étrangers aux droits de cité. Nous ne redeviendrons
une nation qu'en faisant cesser cette promiscuité qui a été une des causes de la ruine
de Rome. C'est même une question que de
savoir s'il convient, en cas d'acquisitions de
provinces, faites par suite de guerres, d'ad-
mettre, comme on l'a fait, *de plano* à ce
droit et à siéger aux assemblés nationales,
de nouveaux sujets. Dans la constitution de
notre ancienne pairie, la seule trace qui nous
restât de ces assemblées, on n'aurait pas
facilement passé sur un mélange aussi prompt
des nouvelles et des anciennes provinces
dans le parlement du royaume, qui était
celui de Paris. Ce qui est sûr, c'est que
c'est au moyen de l'irréflexion avec laquelle
cette assimilation a été faite, que nous avons
vu concourir à l'asservissement de la France,
une masse d'étrangers de tous les rangs que
donnaient à nos différens corps l'apparence
d'une vraie tour de Babel. Tout récemment,

lors de la formation de la garde nationale, on a nommé chef de légion un étranger, qui a senti l'inconvenance probablement , puisqu'il s'est démis. Il y a des étrangers dans la banque , dans l'armée, dans l'administration , dans la robe, dans l'église. Quel intérêt peuvent prendre à nos affaires des personnes nées avec des affections contraires aux nôtres, irritées probablement, et avec raison , de l'abus que nous avons fait de la force dans leurs pays respectifs? Faisons cesser ce mélange ; c'est le moyen de gagner en force et en union, et de sortir de la philantropie pour rentrer dans le patriotisme : commençons par être Français, et nous deviendrons ensuite, et autant que la raison le permet, cosmopolites.

Le code civil si pompeusement décoré depuis du nom de Napoléon , n'a pas tardé, par le fait même de ses auteurs, à devenir un nouvel exemple de la puérilité de ce genre de conceptions. Il a d'abord été souillé par le faux , au moyen de l'intercalation qu'on y a faite de dénominations et de qualités qui n'existaient pas lorsque les diverses parties en ont été promulguées : il en a subi d'autres ; il a subi en outre des corrections plus sérieuses, au moyen des dispositions relatives aux substitutions qu'on y introduites, après que dans

14*

sa confection, l'on avait fait un grand étalage de déclamation sur la prohibition qu'il portait expressément de cette manière de transmettre les biens, et de les conserver dans les familles. De même on a introduit dans le code Napoléon le principe de la noblesse héréditaire, à côté de dispositions qui défendent, sous peine de cesser d'être Français, l'affiliation à des corporations qui exigent des preuves de noblesse. On y a fait encore beaucoup d'autres changemens sur les hypothèques. De cette manière, ce code se trouve dès sa naissance entaché des interpolations, des faux, des antinomies qu'on a reprochés à Tribonien, et il a été un ouvrage mort-né. Il n'est déjà qu'un livre à-peu-près inutile; la même chose a eu lieu successivement, bien qu'en un moindre degré, pour les codes de procédure et de commerce, qui ne sont que des copies, à-peu-près, des ordonnances de 1667, de 1673 et de 1681, avec les changemens introduits dans ces lois durant le cours de la révolution. Quoique postérieurs au code civil, ils ont subi depuis leur mise au jour, d'importantes modifications. Ainsi nos législateurs du conseil ont montré qu'à l'instar de l'empereur romain qu'ils ont proposé pour modèle à leur maître, ils étaient conduits par la seule ostentation du bien, plutôt que par le désir réel de le faire. Ils ont montré que l'histoire était perdue pour eux, puisqu'elle leur apprend, comme la raison devait leur montrer, que l'idée d'arrêter le cours de la législation civile en réunissant dans un code les dispositions dispersées dans une multitude de lois est un rêve, et que le code Justinien lui-même n'a jamais un moment rempli ce but, puisqu'il a été refondu par son auteur même, et réformé ensuite dans une grande partie de ses dispositions, par les Novelles. La seule chose qui fasse le mérite de cette compilation, c'est qu'elle nous a sauvé, dans les pandectes sur-tout, des débris on ne peut plus précieux de cette profonde sagesse civile des anciens, que nous désespérons d'atteindre comme toutes les autres perfections de leurs arts. Prétendre trouver autre chose dans cette compilation et vouloir l'imiter, c'est tomber dans le système de prestige, d'ostentation et de fastueuse inutilité qui ont présidé à ce mémorable travail, dont nous devons conserver les résultats avec vénération, mais dont il faut bien se garder d'admirer et de propager l'esprit.

En général, c'est une chose remarquable que cette disposition qui, depuis des temps reculés, règne dans notre législation, à entasser dans une seule et même loi à la manière

des codes, une énorme quantité de matières.
C'est ainsi que sont rédigés les édits et les
ordonnances qui font la base de nos constitutions civiles, les édits de Villers-Cotterêts
et de Cremieu, les ordonnances rendues avec
les états ou les notables à Blois, à Moulins, à
Orléans et celle de Paris de 1629, appelé
code Michaut. La plupart de ces lois sont un
livre dans lequel on a fait entrer tout ce qui
avait fait la matière des représentations des
corps constitués ou des doléances des états ; et
cet encombrement, après le désir de faire
jouer aux rois un grand rôle de législateurs,
avait pour objet, comme de nos jours, d'en
finir par une seule et même délibération avec
des corps importuns, et d'éviter de trop fré-
quens recours, de trop fréquentes discussions, même au conseil d'état d'alors. L'amour
du pouvoir, comme on le voit, a suggéré de
nos temps, à des bourgeois, les mêmes expédiens de flatterie envers le prince, et de jonglerie envers la nation, qu'il avait inspirés
autrefois à nos chanceliers ou à cette oligarchie factieuse et puissante qui, sous prétexte
de défendre l'autorité de nos rois, a effectivement ébranlé les bases de leur trône. Sous
Louis XIV, l'adulation seule qui flatta ce mo-
narque de l'espoir d'épuiser à-la-fois le do-

maine de la gloire militaire et celui de la législation, fut la source des quatre grandes ordonnances qu'il nous a laissées, et qui sont à beaucoup d'égards, des compilations.

Où en serions nous, si sous chaque règne, et sous le prétexte des améliorations et des changemens que l'expérience apporte aux lois, on en eut ainsi successivement recompilé toutes les dispositions? Heureusement, cette manie avait cessé sous Louis XV, qui nous a laissé dans l'édit des substitutions et dans celui des testamens, deux lois spéciales excellentes. Je ne sais ce qui nous serait arrivé sous le règne de Louis XVI; mais je crains que la passion des codes qui, dès le commencement de ce règne, s'annonçait dans des écrits ou déjà l'exagération se préparait à gâter les réformes, passion que le succès irré-fléchi du code de Frédéric éleva presque au délire, ne nous eût donné un code civil de toutes pièces, baptisé du nom de ce monar-que infortuné.

Tâchons de revenir de cette disposition compilatoire, dont le petit esprit à su faire un moyen d'adulation. Que la législation, sans prétendre s'ouvrir une carrière de pré-vision qui la jette dans le champ des chimères, apprenne enfin à se borner aux besoins du moment, et à disposer sur ce que l'expérience acquise permet de prévoir, sans forcer, sans exagérer les indications que donnent les faits qui sont la grande règle de toute saine législation.

Les derniers codes que Napoléon ait publiés, et dont lui aient fait hommage ses infatigables jurisconsultes, ce sont les deux codes pénal et d'instruction criminelle, tous deux sortis de la main de Treilhard, le dernier des hommes qui ait travaillé avec conscience à cette besogne si flatteuse pour la vanité, puisqu'on a l'air d'avoir fait une législation de toutes pièces, quand on n'a guères que le mérite d'une laborieuse compilation. Ce code a introduit dans notre ordre judiciaire une nouveauté : il a réuni dans les mêmes cours, la justice civile et criminelle, et rétabli les anciennes assises que l'Angleterre a encore conservée. C'est un vrai service que Treilhard a rendu, en nous ramenant, dans ces deux points, aux anciennes institutions judiciaires, dont on gagnera toujours à se rapprocher. Il a rendu un service plus grand encore, en faisant conserver le jugement par jurés.

On sait en effet que dans le code d'instruction criminelle, les jurés ont été maintenus, c'est-à-dire, qu'ils ont été mis en question après vingt ans d'existence, et ce n'est pas le moindre inconvénient de ces ouvrages dont les auteurs semblent prendre un état au sortir du déluge, et remettent en problème tout ce que les citoyens ont cru avoir de plus assuré. Il est bien vrai que Napoléon avec Treilhard, qui avait probablement su engager la vanité de Napoléon sur ce point, ont soutenu le jury dans les jugemens criminels ; toutefois, il est bien clair que Napoléon, dans cette circonstance, à encore joué la comédie, et qu'il entendait bien ne laisser le jury que pour des délits qui lui semblaient indifférens, et qu'il se rassurait en pensant qu'il avait fait sa part dans la justice criminelle, par les conseils de guerre, les commissions et les cours prévôtales. Néanmoins, puisque le moment de la destruction définitive du jury semblait arrivée, il faut savoir gré à Treilhard de l'avoir différée ; car les deux affaires du procès du maire d'Anvers et de celui de M. Reynier, nous ont donné de sûrs présages de leur prochaine et définitive destruction, si Bonaparte eût continué de régner.

Mais, combien ce mérite de pure ostentation ne perd il pas de son prix, quand on voit que dans ces codes, qui ne sont encore sous les points de vue essentiels de l'attribution, de la procédure et des peines, que la copie de l'ordonnance de 1670 et du code pénal successivement élaboré par nos diverses assemblées, conservent tout ce qu'on a reproché de plus odieux à l'ancienne législation! On y retrouve les cas *prévôtaux* sous le nom de cours spéciales, où l'on voit les anciens *juges de robe courte* représentés par *trois capitaines*. On y voit que toute rebellion armée, contre la force armée, est du ressort de ces tribunaux, d'où les jurés sont soigneusement exclus; c'est-à-dire, que toute résistance, même légitime, à la plus atroce, à la plus criante oppression, est jugée sans forme de procès. Les crimes d'état y sont définis d'après les principes du code de Tibère, augmenté par le raffinement que le gouvernement de Napoléon a porté dans toutes ces institutions. L'odieuse, la révoltante loi de la confiscation des biens des condamnés pour crime de trahison, confiscation que plusieurs de nos coutumes proscrivaient; cette peine, qui présente un si grand appât à la tyrannie, est renouvelée. Et quel caractère constitue la trahison? Lisez-le dans le code; il excède de beaucoup les crimes de lèze-majesté, tels qu'ils étaient autrefois définis. L'instruction dans les procès, l'intervention des jurés qui, au moyen de leurs allées et venues hors du tribunal, peuvent être pratiqués par tous les émissaires de la passion ou de la puissance, sont également abandonnés à la discrétion des fiscaux et des présidens des cours. On en a eu l'exemple dans l'affaire de Reynier. C'est ici le cas de se demander si la confiscation prononcée dans l'affaire de Mallet et consorts, peut être regardée comme légale. Non sans doute; jamais elle ne peut l'être, pas plus que la commission qui les a soustraits à leurs juges. Débarrassons-nous de ces codes monstrueux où la tyrannie, sous des formes encyclopédiques, avec ses divisions quintessenciées des délits en *contravention, délits* et *crimes*, annonce aux sujets la destruction du dernier asyle de leurs libertés. Les insensés, les aveugles auteurs de ces instrumens d'oppression en ont communément été les premières victimes. Il n'y a rien de comparable dans le monde à l'irréflexion de nos hommes d'état, qui commencent par organiser le pouvoir absolu, et qui jettent les hauts cris dès qu'ils en sont atteints.

Rappelons ici que c'est l'intention de maintenir l'oppression politique du gouvernement, qui a corrompu toute notre législation criminelle. Pour le reste, vous entendrez tant que vous voudrez nos rédacteurs des codes les plus arbitraires, se passionner pour la procédure et la justice pénales. Vous lirez des volumes de déclamations académiques auxquelles les agens de la tyrannie la plus odieuse donnent un plein assentiment, aux folles propositions desquelles ils applaudiront avec ardeur, pourvu qu'il ne soit question que des assassins et des voleurs de grand chemin. Mais du moment qu'il s'agit d'une insulte faite à un juge de paix, d'une révolte envers un préfet, d'un faux intéressant le fisc, d'un libelle, d'un délit politique quelconque; aussitôt toute la philantropie disparait; le secret, la torture, le défaut de confrontation, tout est bon pour dépêcher le citoyen vraiment ou faussement accusé. L'important est que sa défense n'appelle pas l'attention des peuples sur les tyrans qui les oppriment, et sur leurs actes. Tout cet échafaudage peut quelque jour tomber sur celui qui l'a élevé, n'importe; la passion aveugle sous le despotisme : c'est comme au combat, on est toujours entre l'avancement ou la mort. On oublie toujours ce qui arriva au fameux chancelier Poyet, le premier introducteur, dans nos procédures criminelles, des formes inquisitoriales qui les ont tachées depuis François Ier. Quand il se vit devant les tribunaux qu'il avait créés, il se sentit glacé de terreur, et fut obligé de demander, par la plus humble supplication, du temps pour se remettre. Ce n'est pas là le sentiment qu'éprouve un anglais quand il paraît, suivant le noble langage des lois, *devant son pays,* pour être jugé. Nos législateurs contemporains n'ont pas fait autrement que Poyet : leurs codes et leurs lois font horreur ! Voilà à quoi ont abouti toutes nos déclamations fastueuses depuis vingt cinq ans, et notre passion pour les romans de Beccaria qui, comme ses compatriotes Galiani et Filangieri, n'a pas réussi à semer une idée positive dans cette molle Italie, d'où nous sont venus et d'où nous viendront encore tant de poisons. Nous avons eu plus de terreur, plus d'illégalité, plus d'arbitraire que jamais dans nos lois criminelles, et nous sommes, dans cette partie comme dans toutes les autres, encore dans un vague désespérant.

Une question bien importante dans la législation criminelle, est de savoir à qui appartient la surveillance et la police des prisons où sont détenus les gens prévenus de crimes. Elle est, je crois, confiée aux commissaires de police ; elle ne doit appartenir, quant à l'écrou-

et à l'extraction des prisonniers, qu'aux juges
du ressort. Qui faut-il accuser du suicide prétendu de Pichegru ? Il s'en est commis un autre
tout récemment qui mérite attention, et qu'on
a enveloppé dans un profond silence. On a appris que l'assassin du cuisinier du comte de
Ségur s'était détruit dans la prison. Mais le fait
est-il bien constant ? Suffit-il que le géolier
fasse rapport que tel homme a été trouvé mort,
et ne faut-il pas qu'une autorité indépendante
examine le fait devant des contradicteurs et
des témoins ? Nous avons tous entendu parler
de la justice administrée entre deux guichets.
La justice est tellement en mépris, qu'un
homme puissant, pour éviter de figurer comme
témoin, pourrait, dans des cas évidens de
crime, faire expédier le coupable. Or, cette
justice assurément serait une injustice atroce
et du plus funeste exemple.

Conserverons-nous le jury, oui ou non ? Voilà
encore une partie de nos institutions civiles
qui n'est rien moins que fondée. Tout ce qu'on
appelle *la magistrature* y est contraire, et si
cette magistrature reste comme elle est, indépendamment des autres causes, elle étouffera
les jurés. Chose désolante, on croit vulgaire-
ment en France, et bien des gens décorés de
la pourpre et du mortier, sans parler de plus

grands personnages, font, à cet égard, partie du vulgaire; on croit que le jury est une institution des temps féodaux; il faudrait donc faire honneur à la féodalité, d'avoir découvert les institutions civiles les plus propres à prévenir les abus du pouvoir : et quel pouvoir doit-être plus contrôlé que celui d'administrer la justice! Mais en voici une définition qui nous vient d'un auteur qui n'est pas des temps féodaux, qui fera rougir nos juges et nos grands de leur ignorance. Un des plus grands hommes d'état de l'antiquité, nous dit : (c'est Cicéron), « Nos ancêtres ont sagement voulu qu'aucun citoyen ne pût être atteint dans sa personne, sa fortune et sa dignité, sans être jugé par des juges du choix des parties (1) ». Quand est-ce donc que nos gouvernans, avant d'arriver au timon des affaires, se seront lestés la tête par une saine instruction, afin de n'être pas constamment emportés par le premier vent de l'opinion à la mode, dans des théories qui ne laissent de positif après elles qu'un empirisme désolant. La plupart d'en-

____

(1) *Neminem voluerunt majores nostri, non modo existimatione cujusquam, sed ne pecuniariâ quidem de re minimâ judicem esse nisi qui inter adversarios convenisset.* (Cic. *Pro cluentio.*)

tr'eux ont amplement déclamé contre l'ignorance de la noblesse ; mais nous voyons que des plébéiens affranchis de toute contrainte, ne se permettent guère moins de latitude, en assertions souverainement ridicules, par l'absolu défaut d'instruction qu'elles révèlent chez des gens qui n'ont d'autre raison de se montrer sûrs de leur fait, que l'absence de la contradiction.

La manière dont la personne des juges a été traitée, a été parfaitement d'accord avec cette législation.

Les juges étaient établis à vie par la constitution de l'an VIII ; mais suivant le système de réticence et d'obscurité dans lequel elle avait été rédigée, on n'y disait point si les juges existans étaient confirmés. Bientôt une première épuration en fut faite. On aurait cru que ceux qui se trouvaient maintenus par cette nouvelle nomination, jouiraient de la stabilité promise par la constitution ? Point du tout : au moyen d'un sénatus-consulte, du 16 octobre 1807, ce droit bien acquis fut révoqué ; les juges furent, encore une fois, épurés ; et à l'avenir un titulaire nouvellement promu ne put compter sur sa place pendant sa vie, qu'après cinq années d'épreuves. On sent qu'elle démonstration de souplesse donnera , pendant cinq ans , le magistrat qui se voit menacé d'une destitution bien réelle par une nomination aussi précaire.

En 1808, Napoléon donna, sur la proposition de l'archi-chancelier, qui s'est extrêmement félicité de la conception , un appendice aux cours d'appels ou impériales sous le nom de juges-auditeurs : c'était une augmentation effective , et inutile assurément, du nombre des juges déjà trop nombreux dans nos cours. On remania une troisième fois tout l'ordre judiciaire , lorsque , par suite du Code de Treilhard (le Code pénal et d'instruction criminelle) , on forma les cours impériales avec l'attribution cumulée des jugemens criminels et des procès civils.

L'indépendance des juges et la pureté de la justice avec tous ces changemens, n'ont fait que s'affaiblir. D'abord, et malgré la confiance que Bonaparte devait avoir dans des hommes nommés par lui, la création des tribunaux spéciaux, contre laquelle le tribunat a fait une si belle et si vigoureuse opposition, avait détruit dans les jugemens criminels toute liberté , au moyen de l'introduction de juges militaires sur les siéges civils. C'était assez indiquer que ces sortes de tribunaux ne devaient être que des commissions. On remar-

quera qué Napoléon , à l'exemple de tous
ses pareils , a commencé , pour établir sa
tyrannie , par sceller la presse et s'emparer
des tribunaux criminels. Comme on n'osa
pas à Paris établir des juges de robe courte
au palais , on forma un peu plus civilement
la cour spéciale : ce fut au moment où elle
dut juger Pichegru et Moreau. C'est dans
cette affaire, que s'est montrée à découvert
la tyrannie qu'il entendait exercer sur les
juges. On se rappellera éternellement des
messages menaçans qu'ont portés, dans cette
affaire, les deux personnes qu'il fit les dé-
positaires et les organes de sa volonté ; et
l'interpellation de *juge - prévaricateur* qu'il
fit aux Tuileries , au courageux frère de
l'intrépide général Lecourbe. Ce procès a vu
luire le dernier jour de la liberté française ;
et depuis lors, l'opinion, étouffée sous le poids
des fers, n'a plus eu d'autre ressource que
de faire des vœux contre le tyran.

Depuis cette époque, malgré le rétablissement qui s'est effectué postérieurement du
jugement par jurés, la justice criminelle a été
livrée à l'influence du gouvernement ; et,
toutes les fois qu'une affaire a paru digne de
sa vengeance ou de sa partialité, il l'a exercée
de la manière la moins équivoque. Néanmoins

les jurés ont montré dans deux procès remar-
quables, celui du maire d'Anvers et consorts,
et celui de Reynier, combien cette institution
est une puissante barrière contre l'oppression
exercée par l'intermédiaire de la justice. Dans
la première affaire, les jurés ayant absous
les accusés, il s'est trouvé des hommes assez
pervers pour conseiller à Bonaparte, sous le
prétexte de faveur et de passion évidente
de la part des jurés, de faire casser le jugement par le sénat ; et le sénat a encore
donné cette marque de complaisance : il s'est
encore prêté à cette usurpation, à cette
complicité dans l'asservissement de la nation !
Cette affaire a porté le dernier coup à Napoléon et à son gouvernement, dans l'opinion
publique. On y a vu l'excès du pouvoir dans
toute sa laideur. On avait bien vu sous le
directoire des hommes déjà jugés et absous,
remis en jugement une seconde fois ; et
c'est une affaire parfaitement analogue à
celle du maire d'Anvers ; mais on trouve
une sorte d'excuse dans la fureur des partis
qui régnaient alors. Que faisait à Napoléon,
qu'un concussionnaire d'Anvers (si toutefois
le maire et consorts l'étaient), échappât à
la punition, et fallait-il renverser ses propres
lois pour le poursuivre jusqu'à ce qu'on eût

obtenu sa mort, qu'on aurait assurément requise et probablement emportée ?

Ce sera un reproche éternel au ministère, que cette mémorable transaction. M. Boulay, le conseiller d'état, et M. Chasset, le sénateur, ont fait alors chacun un rapport, dont les maximes tyranniques seront difficilement oubliées. Le premier a osé dire que l'empereur était *la loi vivante* : expression qui est un blasphème. Il était du devoir du ministre de s'opposer de toutes ses forces au concert des agens de son ministère et de ceux de la police qui ont évidemment été la source de ce scandale. Et si, comme il est à craindre, il s'est rendu auprès de Napoléon l'organe de leurs dénonciations, il doit se reprocher d'avoir participé à un des actes les plus odieux qui aient signalé la fin de ce règne.

Le procès de MM. Reynier et Michel a été la seconde affaire dans laquelle a échoué, grâce au jugement par jurés, l'intervention tyrannique du gouvernement ; et ce n'était pas celle de Napoléon, puisqu'il a paru presqu'indifférent au procès. Cette intervention a été publique. Le gouvernement n'a pas même laissé la liberté à Reynier de faire imprimer ce qu'il croyait utile à sa défense. M. le direc teur de la librairie, à qui on a

donné quelquefois le mérite de sentimens
libéraux, que d'autres ont appelé exagérés,
a lui-même voulu censurer ces mémoires.
M. l'archi - chancelier et M. Jaubert, son
favori et sa créature, tous les deux jadis
les conseils de Michel, n'ont point dissi-
mulé tout l'intérêt qu'ils prenaient au succès
de leur ancien client. Les jurisconsultes et
les magistrats, les procureurs - généraux
sur-tout, ont parlé du procès dans le salon
de l'archi - chancelier, durant la litispen-
dance, d'une manière qui laissait assez voir
dans quel sens penchait Monseigneur. Cette
inconvenance avec laquelle nous nous sommes
presque familiarisés, était inconnue autrefois
à nos juges. En Angleterre, le chef de la
justice s'abstient, comme par religion, de
jamais énoncer une opinion, soit en bien,
soit en mal, sur un procès pendant; et les
juges chargés d'en connaître, s'en font encore bien plus de scrupule. M. Reynier a triom-
phé dans les poursuites criminelles, et le
temps révélera les causes qui ont fait que son
triomphe n'a pas été plus complet. Mais ce
procès fera époque encore dans notre jurisprudence, et deviendra un trait remarquable de
notre justice, quand on saura que Reynier,
absous du crime de faux, a succombé ensuite

au tribunal de commerce, qui a refusé de reconnaître le jugement d'absolution comme prouvant la vérité du contrat, et, ensuite, a effectivement déclaré ce contrat faux. Jamais décision n'a été plus allarmante pour l'avenir.

Quoi qu'il en soit, on intéressa Napoléon à cette sentence. Elle fut rendue à l'époque de son retour de Léipsick : il s'en entretint avec complaisance au Tuileries avec des juges des cours supérieures qui prirent la peine de lui expliquer l'excellence du jugement, comme si le prince, qui est la source de la justice, devait, tant qu'il y a un ressort à parcourir, et il en reste encore un, se permettre d'avoir en public une opinion sur les procès !

L'affaire de Reynier a tellement fait de bruit, que je la cite comme une des preuves frappantes de la dépendance où se trouvait la justice, des ministres et du gouvernement. Elle a révélé les défauts de nos deux codes criminels. On a été affligé de l'ardeur avec laquelle le ministère public a poursuivi. Lorsqu'il y a une partie civile, on ne conçoit pas cet acharnement. En général nous avons poussé trop loin l'exclusion de tout intérêt privé dans les délits; et l'état chez nous s'est approprié, à titre de poursuite publique, une foule de délits de ce genre que l'intérêt particulier et le désir d'une juste compensation sauraient mieux atteindre que les procureurs fiscaux ; c'est un des vices essentiels de notre législation civile. Il n'y a plus de réparations pour les délits qui attaquent avant tout l'intérêt privé. Une peine correctionnelle qui est devenue ridicule, ou des dommages dérisoirement appliqués aux hôpitaux : voilà à quoi aboutissent aujourd'hui ces procédures. Nous avons appris par des jugemens récens, que nos filles pouvaient être inpunément débauchées, et que le séducteur artificieux ou quasi-violent était également quitte de toute satisfaction, soit envers les pères, soit envers la société Qu'on réfléchisse à cette partie de nos lois, et l'on verra quelles tristes pensées elle fait naître.

On remarque dans la décision rendue au tribunal de commerce dans l'affaire Reynier, un effet de cette tendance qui se manifeste dans notre justice à se régler beaucoup plus sur une équité arbitraitre que sur le droit rigoureux. Cette disposition, qui est la source des extensions indéfinies données dans le cours de la révolution aux arbitrages, a été accrue encore par la législation de Napoléon. C'est de là que nous vient la multiplication dangereuse des tribunaux de commerce, et l'extension non moins dangereuse de leurs attri-

butions ; ces tribunaux de prud'hommes em-
placés par-tout sur la demande des préfets,
pour qui en veut et n'en veut pas, et créés par
de simples décrets impériaux , connus et pro-
posés par des employés incapables d'apprécier les bouleversemens que ces juridictions
d'équité, ces prétendus tribunaux de sens
commun introduisent dans nos lois, et les
mille et une mauvaises procédures qu'ils donnent aux juges supérieurs à réformer.

Une autre chose qui frappe dans notre administration de la justice , c'est l'importance
démesurée des procureurs et avocats généraux dans toutes les affaires. Les juges qui
autrefois ont toujours eu le pas sur ces officiers,
en sont menés à la baguette d'une manière révoltante dans les juridictions moyennes et in-
férieures. Ils se mêlent dans tous les procès,
influent dans tous les jugemens, sous prétexte
de veiller à l'observation des lois. C'est eux
qui, en leur qualité d'officiers amovibles, ont
été auprès des tribunaux les organes les plus
souples des volontés et des inspirations arbitraires du gouvernement.

Cependant il n'y a sorte de peine que le
gouvernement ne se soit en apparence donné
pour reconstruire ce qu'on appelle la *magistrature* , expression qu'on a dans ces der-

niers temps, depuis 1807 sur-tout, prome-
née avec une emphase ridicule ; expression
tellement indéfinie qu'un grave auteur,
M. Henrion de Pansey, s'est donné mille peines pour accorder les diverses applications
qu'elle reçoit, car tout le monde aujourd'hui
veut être magistrat. L'embarras vient de ce
que l'on veut, à toute force, mettre dans la
cathégorie des juges qui sont seuls vrais magistrats, les officiers fiscaux, qui n'ayant qu'une
postulation, quelqu'élevée qu'elle soit, n'ont
point de juridiction. Depuis la révolution on
leur a donné mal-à-propos des fonctions plus
étendues ; c'est un tort. En reproduisant le
mot, on cru avoir rétabli la chose, et rendu
à la France le parlement. On ne voyait pas
que ce qui avait fait la force et la considération des anciennes magistratures , et sur-tout
du parlement , c'était la réunion dans le
même corps d'un véritable concours à la confection de la loi, avec une juridiction souveraine. Une fois que les législateurs de 1770
ont eu décidé le gouvernement à les réduire,
comme le disaient et le prêchaient de grands
apôtres de la liberté , au rôle de *jugeurs*, tout
a été perdu, même la monarchie. C'est ce qu'il
ne faut jamais oublier pour se reconnaître dans
le culbutis d'opinions où nous vivons sur les

causes de la révolution française. Bonaparte, en recréant des mortiers, des robes rouges à Paris, n'avait assurément pas l'intention de rétablir cette ancienne autorité.

En général, j'ose le dire, et vingt-cinq ans d'une funeste expérience viennent à mon appui, nous sommes encore dans le même vague pour nos institutions judiciaires que pour nos constitutions politiques. Notre juridiction souveraine, divisée entre le Conseil d'Etat et la Cour de Cassation, n'a aucune fixité, aucune base qui soutienne l'examen. La funeste théorie d'une séparation rigoureuse des pouvoirs, suivant des divisions qui ne sont que des méthodes de classification, mais qui ne supportent pas d'être appliquées; cette théorie nous a égarés, comme elle a égaré Montesquieu, l'écrivain sans contredit le plus consciencieux et le plus éclairé que nous ayons eu dans le dernier siècle. Tant que nous ne sortirons pas de cette route, nous n'arriverons point au port. Concevons un moment que le pouvoir législatif et le pouvoir judiciaire, au degré souverain, peuvent très-bien et doivent être confondus dans la même autorité, et nous verrons jour à sortir de nos longues contradictions et de nos longues erreurs.

Bonaparte se proposait, lorsqu'il aurait suspendu ses guerres par une trève, de rétablir la vénalité des offices et de supprimer la plaidoirie. La première opération, dans ses mains, aurait produit dans la justice les plus grands malheurs. La seconde aurait détruit la dernière garantie d'une bonne justice, celle de la publicité des audiences, qui la soumet au contrôle de l'opinion. Il ne faut pas croire que ce contrôle soit moins nécessaire à cette partie du Gouvernement qu'aux autres. C'est un point même sur lequel nos rédacteurs de feuilles publiques sont d'une très-fâcheuse indifférence. Si nous avons la liberté de la presse, il faut que les jugemens soient comme les autres actes du Gouvernement, soumis à l'examen et à la discussion.

Si nous avions eu cette liberté, aurait-on osé récemment provoquer l'action de la police contre le journaliste qui a fait des observations toutes naturelles sur la décision rendue au tribunal de commerce contre M. Reynier? N'est-il pas licite de discuter des jugemens, surtout quand ils sont encore sujets à l'appel? Aurait-on vu d'autres juges déférer à la même autorité, des plaisanteries fort innocentes et passablement fondées sur le jugement rendu l'an dernier, entre M. Boyeldieu et son épouse plaidant en divorce? Heureusement la justice n'avait rien moins qu'obtenu en Cour l'inviolabilité des grands, et l'on a même été scandalisé de la manière dont ses officiers ont été traités dans des pamphlets où, pour donner la parade à la capitale, on laissait crier contre les avocats et les procureurs ; tandis que, pour aller à la racine du mal dont on se plaignait dans ces déclamations, il aurait fallu discuter la législation, la justice et ses magistrats.

Nous avons encore un Corps judiciaire qui mérite un mot, c'est le Conseil des prises. On a, sans qu'on en voye bien la raison, rétabli dans ce Conseil une partie du pouvoir de l'Amirauté. Ce tribunal était dépendant de l'Empereur par institution. On a prouvé, et le Gouvernement que la chose arrangeait fort, a cru que cela devait être ainsi ; on a prouvé, dis-je, qu'il en était de même en Angleterre, assertion de tout point inexacte.

On conçoit que cette juridiction ne se gouverne pas, en effet, par les mêmes principes que celles qui sont fondées sur le droit civil. Le droit de la guerre, d'où émanent essentiellement ses décisions, a des règles particulières ; mais on ne concevra jamais qu'un Gouvernement civilisé prétende que ce tribunal doive être gouverné par une simple lettre ministérielle, tenue secrète pour tout le monde, excepté pour le ministre et le tribunal, ou par une décision, également secrète, du prince. Les nations neutres qui sont des tiers-intéressés, au plus haut degré, à ce que cette juridiction agisse régulièrement et conformément au droit des nations, et qui l'ont habituellement stipulé de nous dans leurs traités, n'auraient pas pu supporter longtems, et hors du système violent qui a détruit toute neutralité, les accumulations de mensonge, de jonglerie, de perfidie, qui ont été employées par le gouvernement de Napoléon pendant douze ans, pour les spolier en faisant parler ce fantôme de tribunal, honteux lui-même du rôle qu'on lui fait jouer. Napoléon un jour, a envoyé au Conseil l'ordre de sa main de condamner d'un seul coup douze navires, la plupart américains, et cela au milieu de la pleine paix avec les Etats-unis. Ces bâtimens étaient la proie d'armateurs qui, avec des corsaires armés à Dantzick, sous la protection du général Rapp, faisaient main basse sur les navires neutres dans la Baltique. On lui faisait condamner des navires américains, au moment où l'on proclamait la révocation des décrets de Berlin et de

Milan. Tous ses jugemens allaient à la signature de Napoléon, s'il s'agissait de libération ; et ils y furent portés d'abord par le ministre de la justice, ensuite par celui de la marine, enfin par celui du commerce. Quelle détestable dérision de la justice qu'un pareil tribunal, et quelle plus grave injure pouvait-on faire aux hommes recommandables qui le composent, que de les y placer! Aussi je n'ose pas dire ce qui est à ma connaissance du mépris avec lequel étaient traités ces juges, même par les gens puissans que le hazard mettait en contact avec leur juridiction.

J'en ai dit bien long sur la justice ; c'est un article sur lequel on ne tarirait point. Lorsqu'elle est pure et indépendante, elle est plus puissante, plus efficace pour conserver les Etats, que les armes. Tout ce qui tend à établir dans l'esprit des peuples qu'il n'y a point de justice dans le gouvernement, est une atteinte portée à la stabilité des empires : son gouvernement vaut bien mieux que celui de la législation qui, les trois quarts du temps, devrait s'abstenir et la laisser faire, parce que ses règles et ses moyens de décision ne sont point, comme ceux de l'autre, pris dans le champ dangereux de la convenance. Elle écoute sur-tout longuement , et c'est ce que veulent les discussions de la vie civile , qui prennent souvent plus de temps qu'il n'en faudrait pour accorder entr'eux des Etats. Métastase a dit quelque part, avec bien de la raison :

Loquace sono le piccole cure,
Stupide le grandi.

Ceux qui manient l'épée, par cette raison, trouvent la justice fort ridicule; comme si ce n'était pas là son plus beau titre à la vénération! Il ne faut pas tant de cérémonie, assurément, pour faire enterrer, dans une bataille, dix mille hommes sous quelques toises carrées de terre, que pour adjuger à un seul d'entr'eux la justice, dans une question de mur mitoyen. Saint-Just, qui croyait dire une chose profonde, proférait donc un grand blasphême quand il disait, comme proconsul, à un pétitionnaire qui lui demandait un quart-d'heure : « Malheureux, c'est le temps qu'il faudrait « pour faire la paix avec toute l'Europe! » Ce discours était digne de Napoléon, qui ne regardait les débats judiciaires que comme des commérages. Nous lui aurions infailliblement dû un jour l'introduction de la justice de cadi. Il trouvait que les plaidoieries étaient une école de sédition. Jamais avec plus d'anxiété, pour éviter les révolutions, on n'y courut avec plus de fureur.

Police générale.

Il me reste maintenant à parler du ministère de la police générale, ministère né de la révolution, et devenu un des plus actifs comme des plus odieux instrumens de la tyrannie de Bonaparte, et sans la destruction duquel nous ne pourrons jamais croire à la destruction de la tyrannie. C'est là que quatre à cinq millions de dépense, dont les fonds, pour la plus grande partie, sont faits secrètement par des taxes levées dans toute l'étendue de la France, sur les tripots, sur les lieux de débauche, et sur la liberté personnelle de la nation, au moyen des passe-ports, sont employés à solder un personnel plus nombreux que ne l'était celui de plusieurs ministères réunis avant la révolution, et, avant tout, des espions de tous les rangs et de tous les ordres. Et à quoi bon ces espions ? Pour apprendre par eux ce qu'il était aisé de savoir *à priori,* que la nation se désespérait d'être livrée à la discrétion d'un gouvernement qui ne s'endormait et ne se réveillait qu'avec des projets de malheur ou d'oppression pour elle. C'est du travail de ces employés ambulans, imprégné d'une dose d'aigreur et d'hostilité contre la nation, dont la mesure était celle de l'avancement du rapporteur, et d'un travail analogue de la part des employés à poste fixe, que se composait la matière élaborée dans la grande fabrique d'esprit public qui existait dans le ministère, et dont je parlerai plus bas. C'est là que toutes les gazettes étrangères étaient monopolisées et interdites aux regards de la France, de peur qu'elle n'y pût lire les jugemens que les nations, encore libres du joug de Bonaparte, émettaient sur son gouvernement. C'est là qu'est né ce système d'obscurantisme (passons le néologisme de l'expression, à cause de sa justesse), dont les révélations successives nous ont causé tant d'effroi; qui a trouvé à proscrire la sagesse traditionnelle du monde dans les écrivains de l'antiquité, la réprobation de la guerre dans Massillon; enfin, (et n'oublions pas de dire que c'est une femme qui eut cet honneur) la plus noble, la plus touchante censure, qui ait jamais été faite des conquêtes et des tyrans dans l'immortel ouvrage de l'évêque de Cambray.

Ce ministère qui s'est rendu l'organe de l'opinion, joue, sous une tyrannie comme la dernière, le même rôle que le confesseur sous un roi supertitieux. Ce que l'un fait en touchant les ressorts de la conscience, l'autre y parvient en agissant sur la terreur qui assiège son maître. Qu'on juge de la puissance du ministre, qui dit au prince le matin à son lever, et le soir à son coucher, « l'opinion est « contraire à telle ou telle mesure, » et qui le peut prouver par les rapports qu'il commande à tous ses espions. Par ces derniers, il tient la verge constamment levée sur tous ses collègues : « Prends garde à moi, disait à Four- « croy, un préfet de police ; je te mets dans « une conspiration. » Les discours indiscrets, les observations téméraires, les abus de pouvoir, les fautes, les délits même qu'un ministre peut commettre ou laisser commettre, il est instruit de tout : il réunit en lui la plainte publique; il est le grand dénonciateur, le grand inquisiteur de l'état; il peut pétitionner, censurer, déclamer pour toute la France. On sent par quelles complaisances tous ses collègues achèteront ou son silence ou sa générosité; on a vu un ministre fameux sortir du cabinet du ministre de la police les yeux mouillés de larmes.

Ce ministre se mêle dans toutes les affaires; il tient un des fils les plus importans de la politique extérieure par les gazettes étrangères, et peut faire, avec le chef du gouvernement, un travail politique propre à balancer celui du ministre du département. Voilà un premier ministre effectif ; le ministre de la police l'était. Du reste, sur la surface de la France, toutes les prisons d'état étaient à ses ordres. En entrant chez lui, lorsqu'on y était mandé, et Dieu sait comme on allait en tremblant à cet appel ! on croyait déjà voir une geole s'ouvrir ; l'argot de la maréchaussée avait pénétré jusque dans son cabinet. A l'instar des gendarmes, qui, lorsqu'ils arrêtent des gens suspects, leur arrachent des aveux ou les effraient par des accusations brusques et imprévues, on y avait un moyen de réduire aux volontés ministérielles les récalcitrans. « Monsieur ! disait un jour le ministre de la police à un imprimeur qui venait réclamer contre la saisie d'un ouvrage qu'il avait imprimé avec l'approbation du bureau de l'esprit public, et qu'après réflexion, cependant, le ministre trouva bon d'envoyer au pilon sans indemnité ; « Monsieur, disait-il, après avoir diversement éconduit dans sa demande, l'imprimeur qui persistait : Nous avons un vieux compte à régler ensemble. — Quel donc, Monseigneur ? — Oui. N'avez-vous pas imprimé dans le

temps des pamphlets contre telle pièce ? »
Il s'agissait de je ne sais quelle pièce de
théâtre que le ministre avait patronisée. Il
disait un jour à une autre personne qui venait se plaindre d'avoir subi une détention
arbitraire très longue, et qui en sollicitait une
satisfaction : « Mais je vous connais de loin ;
je vous ai vu en Egypte, où vous étiez es-
pion de Sidney Smith. Holà ! qu'on me mène
cet homme-là en prison. » L'homme fut conduit à Pierrefitte, où il est probablement encore. On conviendra qu'en supposant que le
personnage méritât la remarque, la condamnation était un peu sommaire. Une fois entré
dans les prisons d'état, quel espoir avait-on
d'en sortir, ou de parvenir à un jugement ?
Aucun, que par l'intermédiaire des alentours
du ministère. C'était-là qu'il fallait s'adresser
par ses cotteries ou par les plus longs dé-
tours. Penser à se pourvoir près de l'empereur, c'est comme si l'on eût voulu s'adresser
à celui de la Chine. C'est à Sidney Smith et
à MM. de Polignac, à nous dire par quels
moyens ils sont sortis de leurs cachots. Une
menace habituelle de Napoléon et de ce
ministère, envers ceux qui étaient violemment pris à partie, était : « Je vous ferai
pourir dans un cul de basse-fosse. » Et pro-

bablement qu'on a tenu parole à plus d'un.

. Quand donc aurons-nous enfin, à la place de ces lois ambitieuses vingt fois mises au jour, et vingt fois mort-nées, qui nous ont, avec tant de faste, annoncé des garanties perpétuellement à venir pour nos libertés personnelles, cette loi de l'Angleterre, que nous croyons avoir surpassé en sagesse et qui dit tout simplement : « Toute personne détenue devra, « sur requête adressée au juge du ressort où « se trouve la prison, lorsqu'il tiendra l'as « sise , être traduite devant ce juge, sur le « mandat d'*habeas corpus*, qu'il en décernera, « à l'effet d'être jugée sur les causes de son em « prisonnement, ou mise en liberté, si elle est « détenue sans cause. » Voilà vingt-cinq ans que plusieurs de nos hommes d'état se sont signalés comme vainqueurs de la Bastille : ils ont couvert la France de Bastilles ; et les ministres et commissaires généraux, ou particuliers de police, faisaient arrêter et détenir un Français sur la simple recommandation d'un homme puissant !

Après l'arbitraire qui régnait dans l'arrestation des personnes, la théorie du passeport est sans contredit l'instrument de tyrannie le plus actif que la police générale ait inventé. Toute la France, il y a seulement trente ans, se serait révoltée à l'idée qu'un homme connu, établi, et comme disaient nos ancêtres, ayant seulement feu et lieu, fût tenu de prendre, comme un serf attaché à la glèbe, un passeport pour sortir de l'étendue de son district. Des amis passionés de la liberté ou des sectateurs ardens de la monarchie ancienne ont également trouvé que rien n'était plus conforme à l'ordre que de nous enfermer tous avec une passe qui nous rend, à l'instar des vagabonds et des gens sans aveu, justiciables de tous les brigadiers et soldats de la maréchaussée, à qui il plaira de nous interroger. Comme il est impossible que la tête d'un état, quelle que soit, se soumette à un régime aussi honteux, les exceptions à la loi des passeports étaient on ne peut plus nombreuses. Les dignitaires, le sénat, l'état-major de l'armée, la diplomatie, s'étaient fait donner des exceptions, et se délivraient à eux-mêmes des passeports. « Moi, disait un homme en place, j'irais me « ranger sur les bancs à la Préfecture de police « avec tous les goujats qui la remplissent pour « avoir un passeport ! » Il suffisait en effet de voir le spectacle journalier que présente à Paris leur délivrance, pour être révolté de l'idée de se voir jeté dans les rangs de la troupe qui s'y trouve entassée. On avait donné à chaque autorité un peu considérable, le pouvoir de signer les passes nécessaires à ses employés. Toutefois, elles avaient toutes été obligées de baisser pavillon devant la police générale, de prendre son papier filigrané et entrelacé, et de lui payer tribut. De sorte qu'il n'y avait plus que le petit peuple, c'est-à-dire, le quatre-vingt-dix-neuvième centièmes de la nation, qui fut effectivement soumis à prendre des passeports dans les préfectures des départemens, ou dans la Préfecture de police de Paris. Espérons que cette partie de la législation révolutionnaire qui nous opprime ne nous restera pas, sous les prétextes frivoles qui l'ont fait inventer, et qui l'ont conservée jusqu'ici. La création en est due au seul désir de faire de la police un département, et de donner de l'importance et des affaires à un ministre qui aurait été trop nul, s'il n'avait eu que l'espionnage pour attributions.

La police de Paris, au reste, semblait n'avoir pour objet que la police, comme on l'entendait autrefois, c'est-à-dire la sûreté et la salubrité. On conçoit, et aucun bon esprit ne trouvera mauvais que dans une immense capitale, les agens de ce département, sans être trop séparés du gouvernement municipal, tiennent cependant leurs fonctions

d'une autorité plus vigoureuse et plus repres-
sive. Mais la préfecture de police ne fait
réellement pas cette police dans Paris. Elle
a dépouillé la municipalité de celle de ses
marchés, de celle de la voierie, et le monopole s'y est introduit à sa suite. La police
de propreté et de commodité est le moindre de ses soins. Mais celle de commérage,
d'espionnage, de vexation, l'occupe beaucoup au contraire. On vient de lui donner une garde en gendarmerie, qui est un
surcroit superflu de garde militaire dans Paris. A entendre les fonctionnaires de la police en France, il faudrait presqu'un soldat
par maison dans Paris, et l'on y est presqu'arrivé. Napoléon nous a donné une garde soi-
disant municipale de six mille hommes. C'était
une manière de nous faire payer six mille
vétérans. Quand sortirons-nous de cette habitude de mettre par-tout des bayonnettes qui
révolte les étrangers, et fait frémir les nationaux qui réfléchissent ! Cette prétendue
turbulence, cette nécessité de garder tout
le monde, née des désordres de la révolution, n'a définitivement abouti qu'à faire de
petits départemens militaires, des places,
des frais de bureaux, et de l'importance
pour les graves magistrats qui reçoivent

journellement les ridicules rapports de toutes ces gardes, et à produire beaucoup de vexation pour Paris. Je n'ai point vu Paris avant la révolution ; mais je doute qu'il présentât cet aspect d'un bagne à contenir, qu'il offre depuis dix-huit ans.

La police de la capitale avait cependant échappé au ministère, et Napoléon qui jugea, sans contredit, mieux que personne son gouvernement, ne voulant pas se mettre à la discrétion d'un ministère aussi terrible pour lui-même, sépara cette police de celle de la France entière. On sait d'ailleurs qu'il avait encore la police de l'état-major de la division, dans la main du comte Hulin ; celle de la gendarmerie, dans la main du général Moncey ; et enfin, une police de cabinet confiée à l'aide de camp en crédit. Combien de polices a le roi d'Angleterre auprès de cette complication d'espionnage ? Si vous eussiez fait cette remarque, on vous eût répondu : « Oh ! mais nous ne sommes pas en Angleterre. » Non assurément, car ceux qui en faisaient l'observation travaillaient depuis vingt ans à ce que nous n'y fussions jamais, après nous avoir fait espérer que nous la surpasserions.

C'est ici le lieu de parler d'une administration qui, tout-à-fait indépendante, est néanmoins un auxiliaire très-puissant de la police, et qu'il ne faut pas oublier dans les immenses attributions du ministère, je veux parler des postes; de cette noble administration, dont le moindre soin est de surveiller le service des malles, et celui des relais dont elle cumule on ne sait pourquoi la direction ; mais dont la fonction essentielle est de rompre les cachets pour pénétrer dans le secret des familles; et sous le prétexte de la sûreté de l'Etat, de suspendre les affaires, d'isoler toutes les affections, et intercepter toutes les correspondances. Une pareille attribution est trop importante pour être cumulée dans la main du ministre qui exerce en chef tous les genres d'espionnage; elle était confiée à un directeur général qui avait travail direct avec le chef du gouvernement, et l'on sent que ce n'est pas un petit moyen d'influence que de pouvoir alternativement l'amuser, ou l'inquiéter par des révélations scandaleuses ou par des communications qui lui défèrent des mécontentemens ou des complots, qui lui dénoncent des censures déposées dans le sein de l'amitié. Sans compter les bureaux secrets de Paris, il y a sur toute la surface de la France, sous le nom d'inspecteurs et de secrétaires des postes, une nuée d'employés chargés du triage des lettres, dans tous les bureaux de quelqu'importance. Une lettre qui était ouverte, sans qu'il y eût lieu à la détruire, était renvoyée avec les traces les plus récentes et les plus effrontées de la substitution ou de l'effraction du cachet. Le plus souvent, pour ne pas avoir la peine de faire un examen, on arrêtait la correspondance de toute une place ou de tout un pays. C'est ainsi que M. Bourrienne a trouvé à son arrivée une aussi énorme quantité de lettres, de l'étranger, accumulées à la direction générale, non depuis trois ans comme on l'a publié par erreur, mais depuis plus de sept ans. On conçoit à quelles turpitudes, à quelles délations, à quels profits, quels tripotages, quelles opérations illicites pouvait se livrer une administration qui avait le secret de toutes les consciences, et celui de toutes les affaires. La correspondance avec certains pays, comme l'Angleterre, n'était permise qu'à quelques individus qui avaient, par ce moyen, le monopole de cette branche de nos relations. Cependant, il y a, dans le Bulletin des lois, des peines contre ceux qui violent le secret des lettres. Cette partie du gouvernement est un des traits les plus honteux de notre servitude. Nous n'en étions plus réduits qu'à disputer sur le choix et sur la moralité du fonctionnaire à qui le département serait confié ; comme s'il n'y avait pas certaines occupations dont le propre est d'avilir ceux qui les exercent, y arrivassent-ils les plus honnêtes gens du monde.

Les correspondances par mer étaient encore plus difficiles que par terre. Une législation qui semble faite par un chef d'esclaves toujours prêts à la révolte, arrache à tout navire, à tout passager mouillant ou arrivant dans nos ports, les lettres et les journaux dont il est porteur. Il n'y a rien moins que peine de confiscation du navire et de la cargaison contre l'infraction de ce réglement. Les lettres et les gazettes vont d'abord servir à l'amusement ou à l'instruction des commissaires spéciaux ou généraux de police, à qui, je crois, il était permis de jeter les yeux sur les uns et les autres, et de se tenir, par là, au courant de ce qui se passait hors de la grande prison dont ils partageaient la garde. De là elles étaient acheminées à Paris, où quelques personnes faufilées dans l'état-major de la police générale pouvaient y avoir accès. Il était interdit de recevoir un journal étranger ; et c'était une des attributions les plus importantes de la direction générale des postes que d'y tenir la main. Au reste, cette administration, pour payer sa part du tribut d'augmentation clandestine d'impôts que tous les directeurs devaient sous peine de défaveur, à Napoléon, nous a depuis quelque temps presque doublé le prix de ses services. Elle est devenue un moyen de finance ; au risque de nuire aux relations du commerce et de celle de l'amitié, on a forcé les tarifs pour faire face à l'excessive dépense du service monstrueux d'estaffettes et de courriers que le gouvernement employait journellement, et couvrir des dépenses de traitement hors de toute proportion dans l'administration générale, et les frais de tout genre qu'entraînait le service le plus abusif qu'on puisse imaginer.

Mais le plus beau fleuron de la couronne du ministère de la police générale, c'est la direction de l'esprit public, qu'il est chargé d'exercer souverainement : c'est de cette direction, comme on l'a vu, qu'il tirait toute son importance.

Cette grande affaire était confiée à la troisième division, laquelle fut instituée pour Esménard, auquel M. Etienne succéda. C'est dans cette division que s'exploitait l'esprit public. Le dernier chef, sous Savary, recevait, en y comprenant le traitement de censeur du *journal* dit *de l'Empire*, 42,000 francs ! C'est dans ce même bureau que se tenaient les censeurs des théâtres. Rien ne pouvait s'imprimer en France, livres, journaux ou pièces de théâtre, avant d'y avoir passé. C'était là qu'on en était venu à la suite de la jonglerie que Napoléon joua durant la première campagne d'Autriche, lorsque, dans le Moniteur, il tança le ministre de la police pour avoir refusé à M. Colin d'Harleville, un *imprimatur* pour une de ses pièces, en disant : « Où en serions-nous s'il fallait avoir « la permission d'un censeur en France pour « imprimer sa pensée. » On doit croire qu'il avait nommé les censeurs, quand il publia cette phrase, comme il avait pris la résolution d'élever M. Molé, lorsqu'il blâma M. de Fontanes d'avoir fait l'éloge d'un petit livre où ce jeune homme débuta par des fragmens écrits à la manière de M. de Bounald son maître ; et dans son esprit, c'est-à-dire, par l'apothéose du despotisme. On sait qu'il dit à l'illustre académicien qui s'excusait de son éloge sur le désir d'encourager un jeune homme *d'un aussi beau nom*. « Pour Dieu, M. de Fonta- « nes, laissez-nous la république des lettres ». Dans sa pensée l'ouvrage était déjà digne de servir de marchepied à M. Molé pour arriver à la place où nous l'avons vu depuis.

Il était interdit dans toute la France d'imprimer d'autres articles politiques dans les jour-

naux des départemens que ceux tirés des journaux de Paris : ce qui avait le double but de
comprimer toute pensée locale et de fournir
des abonnemens aux journaux de Paris sur
lesquels on donnait des pensionsà des gens de
lettres. De même pour encourager la circulation du Bulletin des lois et grossir les abonnemens sur lesquels de grands fonctionnaires
recevaient une gratification annuelle, et celle
du Moniteur, les journaux des départemens, et
chaque département n'en pouvait avoir qu'un,
les autres villes, fussent - elles de première
grandeur, se contentaient d'affiches; ces journaux ne pouvaient pas imprimer les décrets ;
ce qui était une manière commode de les
soustraire à la connaissance du peuple. Il avait
réuni les journaux de Paris dans quelques
mains. Pour y parvenir, on usa de violence
envers les propriétaires, et des ministres ne
rougirent pas de prendre part à cette curée.
La rédaction du Moniteur était devenue une
des affaires les plus graves du cabinet ; la direction en occupait on ne peut pas mieux sérieusement le secrétaire d'état. On n'y mettait
aucune nouvelle, même de l'intérieur, qui ne
vînt de ce ministère, et ce fut une grande liberté
que celle qu'il eut dans les derniers temps de
copier les autres journaux, assurément aussi

officiels que lui. Le gouvernement en était venu à craindre l'effet de ses propres journaux. Il conduisait cette nation à sa ruine avec un silence qu'il voulait que rien ne troublât. La plus petite chose capable d'inspirer à la France la plus petite réflexion sur son état le faisait trembler. L'archi - chancelier et le secrétaire d'état ont été souvent tancés pour avoir permis l'insertion des articles les plus insignifians où l'œil ombrageux de Napoléon ou la servilité d'un de ses conseils officiels ou secrets avaient apperçu un atome de matière à réflexions. Un article d'antiquités sur le lieu où fut défait Varus en Allemagne fut censuré par le cabinet à Dresde. Jamais on ne vit à un plus haut degré, dans quel embarras se jette un gouvernement lorsqu'il prétend faire tout seul les livres et les journaux.

On ne conçoit pas jusqu'à quel point Napoléon avait poussé l'asservissement de la pensée au moyen du rétablissement de la censure; ni à quel point des gens aux aguets pour s'en partager la domination et le monopole sur les matières de leur ressort, ont su profiter de cet état de choses. Il est de fait que de grands chymistes et de célèbres géomètres s'étaient mis en possession de tyranniser ces deux départemens de la science, et qu'il n'était rendu compte au Moniteur, devenu depuis quelque temps l'organe des jugemens de la physique et des arts, que des ouvrages qui ne blessaient pas leur doctrine; il suffit, pour réduire le Moniteur à cette servitude, d'un mot de Napoléon dans un cercle du soir. Cette gazette avait rendu compte de quelques ouvrages de physique où les principes dominans étaient blessés. « Le Moniteur, dit-il, a « une mauvaise physique », depuis cette époque le journal officiel n'a plus rien publié sans *l'imprimatur* des chefs de l'école. A l'occasion de l'ouvrage de M. de Flassan, intitulé *Histoire de la diplomatie Française*, il lui fut proposé de rendre, et il rendit un décret portant qu'aucun ouvrage relatif à une branche de l'administration publique ne pourrait être publié, malgré *le visa* d'un censeur, sans avoir été préalablement communiqué au ministère intéressé; d'où il suit évidemment que dans chaque ministère, le rédacteur habituel de la politique ou de l'administration destinée aux journaux était investi du droit d'écrire seul dans ces parties respectives; ce qui devient un véritable domaine. Après cela, qu'on s'étonne du néant des ouvrages qui paraissent sur les affaires publiques, et du défaut absolu d'instruction qu'on remarque en France même dans les classes bien élevées, sur les objets les plus dignes de leur attention ! Qu'on s'étonne de la dégradation de notre littérature sérieuse ! double censure pour y étouffer le bon sens ! Il n'y a pas long-temps que les derniers volumes de l'histoire de Russie de Lesvêque, que sa veuve a voulu imprimer, n'ont pu l'être avant de subir, par devant l'auteur du décret que je viens de citer, plusieurs remaniemens, dont il serait curieux de suivre les nuances suivant les nouvelles de succès ou de revers que l'estafette apportait du nord. Certes, de semblables lois sont inventées pour mettre les princes et la nation également sous la tutelle la plus absolue ; et quelle tutelle grand Dieu ! Qu'on demande à Napoléon comment il se trouve des livres exclusifs de ces graves législateurs ! Avec un pareil système, aucun homme qui se respecte, ne peut se hasarder d'approcher de la presse. Le plus morne silence doit régner sur toutes les questions, et l'on voit sans peine un étranger, M. Malte-Brun, accepter *seul* de la police, la mission de chercher à réveiller des sentimens de patriotisme chez une nation à qui son gouvernement, depuis le premier jusqu'au dernier fonctionnaire, ne pouvait plus inspirer que du dégoût ou de l'horreur !

L'objet du travail de la division de l'esprit public était un véritable tour de force, et il fallait tout l'esprit de M. Esménard, qui long-temps en fut un des principaux meneurs, pour y réussir passablement. Il ne s'agissait de rien moins que de rester en l'air entre la révolution dont on voulait proscrire jusqu'au souvenir et l'ancienne dynastie, dont on sentait bien que les chances de retour devaient s'accroître avec les malheurs de la France. Il fallait, et comme une nation asservie entre bientôt dans l'esprit de son gouvernement, on avait l'espoir de réussir dans ce noble projet ; il fallait faire maudire la révolution, et cependant empêcher la nation de se rappeler qu'elle était gouvernée par ses plus sanglans acteurs et ses plus vils héritiers ; déplorer les maux qu'elle avait faits, mais lancer de continuels anathêmes contre ses victimes : il fallait ridiculiser les folles conceptions que pendant vingt-cinq ans elle avait enfantées, et cependant en faire admirer la continuation sous de nouvelles couleurs. Enfin, il fallait déclamer contre le désordre et la licence, et faire l'apothéose du pouvoir absolu qui en est le comble ; il fallait parler du rétablissement de l'ordre social et du bonheur, et tous les jours applaudir au renverse-

ment journalier de quelque trône ou de quelqu'Etat ; tous les jours admirer un nouveau
crime, ou tomber en extâse devant quelque
nouvelle calamité.

Il devait résulter d'une direction aussi bizarre, aussi contradictoire, une confusion
affreuse dans les opinions des sujets. C'est ce
qu'on voulait. Il fallait que la nation ne pût se
reconnaître ni s'orienter en quoi que ce fût,
ni dans l'appréciation des hommes qui la gou-
vernaient, ni dans la conduite et la tradition
de ses affaires, ni dans l'état de sa croyance
civile et religieuse. C'était le résultat que voulait le prince du chaos, et c'était là l'objet
principal des soins du ministère. Lorsque l'o-
pinion, bien bas sans doute, et bien mystérieu-
sement, s'occupait de l'état des affaires et de
l'effroyable avenir qui s'annonçait ; alors on
avait quelque paillasse littéraire prêt à sauter
sur les planches pour occuper le public par une
discussion sur la musique ou sur quelque autre
niaiserie susceptible d'être mise en vogue ; sur
une actrice ou sur la critique de M. Geoffroy,
qui est mort la terreur de tout le Parnasse, et
qui a été l'acteur le plus utile à la police, et le
plus honorable pour lui, de cette continuelle
farce de littérature avec laquelle on fait en
France depuis douze ans diversion à nos pensées.

C'est ainsi qu'à la retraite de Moscou et de Leipsic, on a cherché à donner le change aux douleurs de Paris et de la France. Le procès de Reynier servit un moment à cet objet ; mais à la fin la police trouva que la chose passait la parade ; elle témoigna que l'intérêt que l'on y prenait à cause du jugement par juré, dont l'efficacité ne fut jamais plus fortement manifestée, devenait inquiétante ; et les journaux reçurent l'ordre d'être plus avares de place pour les séances du tribunal.

Dans ce département un grand succès consistait à inventer une fraude nouvelle ; à donner le change à la nation sur un évènement désastreux, ou sur une mesure tyrannique ou oppressive ; à faire rémuer habituellement quelques fils d'agitation, afin de tenir le gouvernement en haleine par l'apparence de mécontentemens toujours prêt à éclater, à grossir, *à faire mousser,* comme on dit, ces mécontentemens, à déguiser leur cause et leur véritable origine ; à mettre un rhéteur ou un poète à l'ouvrage pour enfiler des vers ou des périodes dénuées de tout sens, hors celui de nous tromper et de nous baffouer ; à faire applaudir (1) ou siffler une pièce de théâtre, à distribuer à propos des bateleurs, à faire à

____

(1) C'est ainsi qu'on fit circuler dans les loges de

propos manœuvrer une troupe de malheureux, chargés, au milieu du silence des gens de bien, d'entourer d'acclamations le char ou le cheval du maître lorsqu'il se promenait dans Paris. Là, des hommes échappés des sentines de la révolution, des professeurs de licence ou de niaiseries académiques qui en ont été une source féconde, portaient journellement le tribut et le concours de leurs projets pour avilir la nation et l'enchaîner. L'un a découvert que le peuple français ne sera bien gouverné que lorsqu'il sera complètement réuni au régime du logogriphe et de la charade du Mercure, et quand il n'y aura plus de journaux que dans les affiches et la gazette de Leyde pour les gens de la cour. Ceci paraît une plaisanterie ; mais c'est le langage que j'ai sérieusement entendu tenir à des hommes, qui ne se sont ouvert l'accès aux dignités qu'ils possèdent, que par les idées les plus turbulentes ou les plus visionnaires.

L'autre vient révéler que la nation a pour l'Angleterre et ses constitutions un engouement dangereux ; aussitôt M. Fiévée va mettre le pied en Angleterre, et sous le titre de lettres, il publie sur cette île, pour notre édification, de

l'Opéra, et que les journaux annoncèrent une *fausse nouvelle*, pour faire applaudir l'opéra de l'*Oriflamme.*

grossiers mensonges, de plats travestissemens, des éjaculations de cette espèce de patriotisme que Grimm appelle si justement du patriotisme d'anti-chambre. Un autre, le père oratorien Tabaraud, après avoir trouvé un asyle et du pain à l'ombre de la protection des libertés de l'Angleterre, offre de faire, et fabrique un gros livre, pour montrer que la réforme religieuse de Luther et la philosophie du 18ᵉ siècle sont venues de Londres à Paris; et qu'il faut abominer la Grande-Bretagne et toute sa littérature, comme distillant toujours ces mêmes poisons : quoique la réformation soit venue chez nous en droite ligne d'au-delà du Rhin; que la philosophie du dix-huitième siècle, que blasphêment aujourd'hui beaucoup de ses plus entêtés disciples, beaucoup d'apostats qui, bien plus qu'ils ne le croient, y sont demeurés fidèles, soit une production tout-à-fait indigène, pour laquelle nos ex-philosophes ont depuis long-temps encouru le mépris et l'abomination de toute l'Angleterre. Un quatrième veut qu'on fonde ensemble les familles annoblies nouvellement et les familles anciennes, et que l'empereur emploie son autorité à les réunir par des mariages. Quand je lis ce genre de travaux, et j'en ai vu quelques-uns, je crois avoir sous la

main un carton des cabinets de Séjan, de Nar-
cisse ou de Pallas. C'était comme cela que les
empereurs romains devaient être endoctrinés.
J'ai vu sur cette matière un mémoire de
police qui avait été dressé pour Napoléon,
et dont les idées transportent à ces temps
d'oppression qui, dans l'histoire, nous paraissent fabuleux.

L'assemblage des travailleurs employés à
cette mission, était pour le moins aussi bizarre
que le rôle qu'on leur fesait jouer. C'étaient
des ecclésiastiques et des philosophes apostats;
des ex-secrétaires et confidens d'émigrés de la
plus haute distinction; des gradués de tous les
ordres dans cette grande confrérie de la littérature qui, depuis quinze ans, n'a cessé de
prendre tous les genres de dominos dans la
continuelle mascarade d'où nous sortons.

Natio comœdu est,

peut-on dire, à un petit nombre d'exceptions
près, de cette immense association qui sera
en grande partie responsable de tous nos
malheurs. On avait enrôlé dans cette cotterie
jusqu'à des femmes auteurs, connues dans
leur jeunesse, par des romans où toute l'immoralité de ce que les dames de leur temps
appelaient une noble passion, est déguisée sous

le verbiage des grands sentimens, et célèbres, dans leur vieillesse, par d'autres romans où elles se sont chargées de donner à la cour de Bonaparte, des leçons de ce perfilage de galanterie, de ce scudérisme qui, selon elles, fit une bonne partie de la grandeur de celle de Louis XIV, et qui aspiraient, par-là, comme une foule d'auteurs subalternes qui se sont jetés dans ce genre, à former, comme on disait, les mœurs de la nouvelle cour. C'était à-peu-près de même, que des hommes graves s'étaient chargés de former l'esprit de Napoléon au gouvernement, et de lui faire perdre son caractère farouche, en lui donnant des leçons pour tenir son chapeau ou faire la révérence. La plupart de ces gens de lettres avaient la correspondance et le rapport avec Sa Majesté. Le ministre les réunissait habituellement à un déjeûner de semaine ; et c'était là, qu'après le repas, il leur intimait ses ordres sur la direction à donner à la littérature de la semaine suivante. Notre littérature est sans doute très-belle dans les pages où elle s'encense depuis quelque temps avec assez peu de retenue ; ce sont, sans doute, de nobles fonctions que celles dont elle se suppose chargée, puisqu'elles ne consistent en rien moins qu'à éclairer les peuples et les rois. Mais il faut convenir que celle qui est ainsi aux ordres d'un ministre ou d'un commis, et c'est la seule qui puisse se faire entendre, ne saurait guères mériter notre admiration.

Ce qu'il y avait de curieux dans ce grand travail, c'est que les directeurs suprêmes, c'est-à-dire Napoléon et le ministre, n'étaient pas d'accord entr'eux sur la manière d'opérer. On ne croirait jamais, si on ne l'avait pas vu, que le ministère de la police rompait continuellement des lances pour que la direction de l'opinion fût maintenue dans un sens favorable à la révolution, tout en la décriant; tandis que l'impulsion donnée au cabinet, par les faiseurs de mémoires secrets, était pour une direction franchement, ouvertement, anti-révolutionnaire. Les distinctions les plus subtiles du jansénisme et du molinisme, n'égalent pas celles qui faisaient le fonds de cette risible contestation, dont l'existence est constatée par l'hostilité des autres journaux et de gens très-considérables, contre le journal de l'Empire, et sur-tout contre Geoffroy et ses collaborateurs principaux, qui disaient rondement les choses par leur nom, et par qui les apothéoses réolutionnaires ont été franchement et vigoureusement attaquées pendant quinze ans. Pour un homme qui

suivait la chose de près, il était amusant
de penser à la grimace que devaient faire
et le maître et la plus grande partie des
grands fonctionnaires issus de la révolution,
en lisant tous les matins certains articles où
Geoffroy, profitant amplement de la liberté qui
lui était donnée, portait les coups les plus di-
rects aux auteurs des faits ou des doctrines
qu'il réprouvait. Mais ce qui était plus curieux,
c'est que ces grands personnages feignaient de
ne pas s'y reconnaître. Ils se croyaient protégés
par la grandeur, contre l'orage d'opinion
qu'amassaient contr'eux les écrivains et les
journalistes de cette école, et qui devait finir
par les renverser. Le moyen que des héros
révolutionnaires, couverts de cordons et d'é-
toiles, déguisés sous des noms de princes, de
ducs ou de comtes au moins, se pussent croire
atteints de ces anathèmes ! N'a-t-on pas vu
Napoléon faire jouer, à Erfurt, devant les
monarques étonnés qu'il y avait réunis, la
Mort de César ? Ils arrangeaient dans leur
esprit l'effet que devaient produire ces écrits
désolans pour eux : ils n'atteignaient plus ou
ne devaient plus atteindre que des mécontens.
Déclamer contre la révolution, c'était répri-
mer l'esprit qui aurait pu ébranler leur tyrannie ; et il n'y avait plus de révolution-

naires que ceux qui déploraient l'asservissement de la France, et qui laissaient échapper, dans la plus tremblante confidence, un
souffle d'opposition. Ce journal, et particulièrement son directeur général, s'étaient fait
un esprit bâtard produit de cette singulière
contradiction dans la direction suprême. Cet
esprit aboutissait clairement à un sultanisme
devant lequel les deux opinions reculaient
également d'horreur ; et toute la littérature,
à un petit nombre d'honorables exceptions
près, avait obéi à cette funeste impulsion.

Rien n'a servi aussi puissamment à la ré-
pandre, que l'Université impériale, qui l'a
propagée dans toutes les parties de l'instruction publique. Cette grande institution n'était
réellement qu'un auxiliaire de cette perver-
sion d'idées et de principes, qu'il s'agissait de
porter chez toutes les classes, et sur-tout dans
l'esprit de la génération naissante. On s'en
serait facilement aperçu, si l'on avait pu en
douter, aux dispositions du décret du 17 sep-
tembre 1808, qui déterminent les bases de
l'enseignement. Quelles sont ces bases ? Voici
les véritables ; les autres ne sont que de rem-
plissage : « La fidélité à l'empereur, *à la mo-*
« *narchie impériale*, dépositaire du bonheur
« des peuples, et à la dynastie napoléonienne,

« conservatrice de l'unité de la France, et
« de toutes les idées libérales proclamées par
« les constitutions. » Qu'entend-on, que peut-
on entendre par la monarchie impériale, si
ce n'est la monarchie universelle que Napoléon croyait avoir consommée à Erfurt ? et
cette monarchie est dépositaire du bonheur
des peuples ! Quelle ingratitude à l'Europe,
que d'en avoir secoué le joug ! Quel crime
envers nos enfans, que d'en avoir desiré la
chûte ! mais ce qui est plus alarmant, ce
sont *les idées libérales* que l'Université est
appelée à conserver, en inculquant la vénération pour la monarchie impériale. On ne
peut s'empêcher de se rappeler, à cette occasion, la sanglante épigramme, par laquelle
Lebrun exprima si bien, il y a douze ans,
le sens de ce mot, qui devint le mot d'ordre,
peu de temps après le 18 brumaire, dans la
bouche de ceux qui se réservaient de nous en
donner un jour un commentaire si effrayant :

> Quel est donc ce mot libéral
> Que les gens d'un certain calibre
> Placent toujours tant bien que mal ?
> C'est le diminutif de libre.

Ces idées libérales, que nos enfans juge-
ront dans les sénatus-consultes eux-mêmes,
sont aujourd'hui bien connues, et nous avons

vu des échantillons de la manière dont l'U-
niversité devait les leur inspirer. Ils ont pu
apprendre d'elle, et sur-tout des leçons qu'elle
a débitées à Paris, à la face de toute la France,
que nous devions tout à Napoléon Bonaparte,
quoiqu'il nous eût tout ravi, jusqu'à l'usage
de la pensée : que la littérature ancienne ne
mérite d'être étudiée que pour la structure
de ses périodes ; comme si ses chefs-d'œuvres
eussent jamais pu se sauver et parvenir jusqu'à nous, à travers les révolutions dont le
despotisme a été la source, s'ils ne recélaient
des trésors de sagesse que tout le mérite des
modernes doit se borner à bien conserver ;
elle veut que la première et dernière leçon
de l'histoire pour eux, soit que les gouvernemens ne se conservent que par la force,
tandis que celui dont cette Université se van-
tera d'avoir été la fille aînée, a péri sous
l'excés de la sienne ; qu'en détestant l'esprit
des anciennes républiques, ils prennent par
l'exercice des armes, dès leur enfance, celui de
vrais enfans du tribut, de janissaires destinés
à la milice d'un gouvernement armé contre
son peuple et contre tout l'univers : qu'ils ne
sachent rien de nos révolutions, sinon que
la dynastie des Bourbons a mérité de périr par
sa faiblesse ; leçon fausse, leçon pernicieuse

que ses rhéteurs se hâteront sans doute de retourner pour nos rois : elle leur enseigne enfin, que les lettres qui doivent rendre les hommes meilleurs ; que l'éloquence, qui ne doit être que la voix de la conscience émue par le sentiment de la vérité, et par l'amour du bien public ; que ces talens, dont la direction conserve ou renverse les états ; que ces talens, dis-je, ne sont que des instrumens d'intrigue, des moyens de jouer, avec plus ou moins de succès, la parade aux yeux des peuples et des rois ; et que les meilleurs discours que puisse prononcer un orateur, dans les occasions où toute une nation a les yeux sur lui, sont ceux qui sont les plus insignifians, et dans lesquels, en présence du tyran de sa patrie, il sait rendre l'adulation plus piquante, en faisant parler à la servitude le langage de l'indépendance et presque de la liberté.

C'est pour atteindre ce noble but, que de concert avec la direction de la librairie, elle faisait refaire à l'usage de nos enfans les livres avec lesquels nous fûmes élevés sous nos rois. Les classiques dans lesquels avaient été formés les mâles esprits du dix-septième siècle, ne pouvaient plus convenir à la jeunesse destinée à nous succéder dans cette

terre classique du despotisme ; il fallait refaire les auteurs même de ce siècle mémorable : nos monarques et nos ministres les
plus absolus, enfin, n'avaient pas su l'art de
gouverner, c'est-à-dire, de tyranniser. Nos
sophistes disaient d'eux à peu près comme
César disait de Sylla : « Ils n'entendaient
« rien au despotisme, parce qu'ils n'avaient
« pas les lumières du dix-huitième siècle. »
Il ne fallait rien moins, en effet, que des
nourrissons de la littérature de ce siècle,
des hommes connus de la nation par l'Al-
manach des Muses, des triomphes académiques, et des extases de philosophie, pour
donner des leçons aux tyrans.

Espérons que cette institution monstrueuse
disparaîtra, et que nos provinces verront
refleurir leurs Universités particulières. L'idée
de centraliser à Paris la direction immédiate
de l'instruction et d'y fabriquer le moule où
doivent être jetées toutes les pensées, de
donner à un recteur logé au palais du Temple
la nomination et le patronage des profes-
sorats, l'administration des bourses dans la
France entière, est comme toutes les autres
centralisations, un moyen de tyrannie, par
conséquent une cause véritable de faiblesse
pour le gouvernement.

C'est ici le cas de se demander quels effets doit produire à la longue cette concentration de toute la puissance politique et morale de la France à Paris, que la révolution a portée à un degré qui eût fait horreur sous nos Rois. Il en est résulté que cette capitale est devenue un foyer de corruption et d'intrigue, qui n'a eu son égal que dans Rome sous ses Empereurs. Tous les esprits, toutes les ames dégénèrent dans le reste de l'Etat. Il ne se forme dans les provinces aucune influence directrice, aucune protection pour les sujets ; par conséquent aucun lien local, le plus fort de tous. Quiconque peut le faire, y vient intriguer, même les premières familles qui sont réduites, avec les médiocres, à l'affreuse égalité de la servitude. Sûres, comme le sont les cotteries qui composent le gouvernement à Paris, de leur affaire, la seule chose dont s'y occupe chacun de ceux qui les composent ou les approchent, c'est de suivre assidûment les nuances journalières du gouvernement, d'être au fait des variations convenues, de manière à pouvoir à propos approuver ce qu'on censura la veille, censurer ce qu'on admira. Le point essentiel, c'est de prendre l'air des bureaux. Etre conséquent à soi-même, suivre dans ses actions ou dans ses

opinions de la fixité, se proposer un but patrio-
tique, tenir à des principes démontrés, devient
un métier de dupe, que personne ne veut
faire. Le test d'un gouvernement, l'opinion
foncière, véritable, décidée des provinces,
fût-elle une opinion de parti, sur les mesures
publiques; la contradiction qu'elles ont le
droit d'y apporter, manque absolument à une
machine qui ne tire que d'elle-même les
forces qui la font mouvoir. Est-il possible que
vingt-quatre millions d'habitans reçoivent
ainsi la loi d'une capitale qui ne doit leur paraître de loin qu'un grand tripot; qu'elles
attendent toujours son opinion pour penser
sur leurs propres intérêts, avec l'expérience
qu'elles ont que cette opinion est le plus souvent faite par quelques écrivains salariés qui
n'en ont aucune? qu'on n'y compte pas. En
centralisant à l'excès, on sème des germes de
division non moins actifs qu'en trop parta-
geant le pouvoir. A mesure qu'avec la dispa-
rution des assemblées nationales les provinces
ont perdu sous l'ancienne monarchie, leur influence, elles ont voulu, elles ont obtenu des
dédommagemens par la création de leurs
parlemens, par la conservation de leurs états.
Quand on a fait table rase, à l'époque de la
révolution, sur tous ces moyens qu'elles avaient

de se faire entendre, elles ont cédé à l'illusion que présentait le rétablissement des parlemens nationaux. Depuis le gouvernement de Napoléon, les provinces sont tombées dans la vassalité de Paris. C'est là que se choisissent tous les magistrats qui doivent les gouverner, là qu'on leur fabrique des tyrans de toutes les dénominations, sans qu'elles puissent avoir la moindre influence dans les choix, ni qu'elles aient aucun moyen de placer sur les rangs un candidat, ni qu'elles puissent faire entendre leurs justes plaintes. La littérature de Paris est celle de toute la France. Les journaux de Paris font ou propagent la réputation que le Gouvernement veut établir; ils renversent celle qu'il veut ruiner. Nos littérateurs admirent cela; ils se passionnent pour cette réunion de tous les pouvoirs dans l'enceinte de Paris; ils croyent que notre littérature y gagne, tandis qu'elle lui doit son déclin. C'est dans le despotisme que lui confère la concentration à Paris de tout l'esprit de la France, qu'à l'exemple de toutes les autorités sans contrôle, elle a trouvé la cause de sa destruction.

De la littérature, de la philosophie.

Je reviens souvent à la charge sur notre littérature, parce qu'elle est la source des opinions détestables dont nous venons de voir le travail et l'influence, et je saisirai cette occasion d'en dire mon opinion qui paraîtra nouvelle peut-être, mais que je soumets aux réflexions des bons esprits qu'elle compte encore dans son sein. Je ne saurais trop le répéter, c'est à notre littérature à donner le signal d'une conversion entière, fondamentale dans nos opinions. Nous avons donné aux sciences naturelles et mathémathiques une préférence pernicieuse, dont le tact de Bonaparte a bien reconnu l'utilité pour la tyrannie. On l'a vu prodiguer les premières places dans le sénat, à des hommes très-recommandables, sans doute, par leurs lumières dans ces divers départemens; mais très-impropres à siéger dans des conseils où l'on ne peut se rendre utile qu'avec de tout autres lumières. On se rappellera toujours d'un savant qui, appelé aux conseils de grâce, n'a jamais pu dire autre chose sinon « je suis pour que la loi s'exécute », ignorant que ce qu'il appellait exécuter la loi, était peut-être souvent violer celle dont ce conseil est dépositaire; celle d'une utile clémence, d'une équité raisonnée, tempérant la rigueur et la précision nécessaires des statuts criminels et de leur application. De ces deux sciences, l'une ne vise qu'à découvrir de nouveaux faits qui ne cessent d'exciter notre inépuisable curiosité. L'autre travaille sur des abstractions de l'esprit, où les résultats sont d'autant plus rigoureux que l'abstraction est plus pure. Dans les sciences qui enseignent l'art de conserver les Etats, de prévenir ou de calmer les révolutions; dans ce qui fait proprement le domaine des lettres et de la saine philosophie, tous nos efforts, tous nos succès, se bornent à conserver le feu sacré que nous ont transmis les générations passées; à reconnaître la lumière qu'elles nous ont transmise; à la distinguer, au milieu des nuages de la passion, des prestiges du sophisme, de l'obscurité des tempêtes. C'est la difficulté de ne s'y point méprendre, de ne pas confondre avec les feux salutaires du fanal, les éclairs de l'orage, les fausses lueurs des palais et des cours, qui cause l'incertitude qu'on leur reproche, et qui fait précisément le mérite des esprits qui savent en triompher. Dernièrement on nous donnait comme un mot digne d'admiration, ce que disait Lagrange au milieu des horreurs et des folies de la révolution, auxquelles lui et quelques - uns de ses confrères n'ont pas mal *adhéré*, s'ils n'y ont pas participé. « Mon ami, disait-il, l'homme « n'est vraiment grand que lorsqu'à l'exemple « de Newton il compose le système du monde « dans son cabinet ». Pour moi, j'en connais un plus grand : c'est celui qui, en conjurant les tempêtes politiques, en ramenant par la persuasion les esprits débauchés par des nouveautés dangereuses, prévient les calamités des révolutions au milieu desquelles périssent et les arts et les sciences ; qui au milieu de ces violens orages, comme des enfans éperdus, s'enveloppent de leur manteau, en se croyant atteints par une aveugle destinée. Assurément, l'Angleterre s'honorera éternellement d'avoir donné naissance à Newton; mais je ne sais pas si l'Angleterre et tout l'univers ne décerneront pas plus de gloire à M. Pitt, pour avoir, en 1791, démêlé, dans les protestations de la révolution française, les excès de pouvoir quelle allait enfanter, et pour avoir empêché l'Angleterre, en suivant son engouement, de courir elle-même à une révolution sous laquelle l'édifice de toute la civilisation européenne aurait infailliblement succombé !

Notre littérature proprement dite, c'est-

à-dire tout ce qui embrasse les sciences mo-
rales et politiques ; cette littérature est devenue fausse , exagérée, comédienne, vide
à l'excès. La philosophie du dix-huitième
siècle comme on l'a appelée, a exercé sur elle
la plus funeste influence. Elle l'a passionnée
pour des chimères ; elle l'a jetée dans un
pyrrhonisme effrayant sur les fondemens des
sociétés, sur toutes les questions de morale et
de religion ; elle l'a souillée des productions les
plus impures et les plus désolantes. Cette contagion a infecté plus ou moins tous les ouvrages qui depuis la révolution ont eu la prétention de nous édifier ou de nous commander, et
cela de quelques couleurs que leurs auteurs
se soient revêtus. Lisez les théories déma-
gogiques de 1791 à 1797 , et les théories de
sultanisme publiées avec privilège, depuis le
18 brumaire ; c'est toujours cette même philosophie sous un parlage différent ; c'est-à-
dire un *imbroglio* de métaphisique quintes-
senciée, une véritable philosophie ossianique,
toujours dans les nuages, jamais dans le monde
réel ; un naturalisme désolant qui, sous le nom
de la divinité ou sous celui de la nature , nous
montre à nos propres yeux comme privés de
toute influence sur nos destinées ; un fatalisme affreux qui est devenu, dans ces derniers

temps, le dernier terme de toutes nos opinions et toutes nos compositions; et qui, si l'on y prend garde, faisait le fonds des opinions de Bonaparte, qui, malgré qu'il voulût le dissimuler, était un des disciples de cette école. On nous a beaucoup entretenu, depuis sept à huit ans sur-tout, de ce fatalisme. On voulait nous y faire puiser des motifs de consolation dans notre ruine ; c'est justement le caractère des écrits du quatrième siècle, époque du grand cataclysme politique sous lequel ont disparu trente siècles de civilisation et de lumières. Il n'y avait plus que le parti de la Thébaïde à prendre; mais l'épicuréisme dominant dans ces opinions, on avait juste assez de mépris de tous les sentimens nobles, de tout ce qui, dans la société, excite les hommes au bien, pour se hâter de jouir de la vie. On méprisait juste assez la gloire et la renommée, pour ne vouloir amasser que des richesses; et delà cette noble passion de *gastronomie*, mot nouveau dont on est redevable au dix-neuvième siècle, à laquelle tout le monde, même les plus grands personnages, se sont abandonnés, afin de prouver, par l'excès de la plus vile des passions, à quel point on s'abandonnait au riénisme vers lequel poussait le gouvernement

Mais ce n'est qu'une philosophie lâche et corrompue que celle qui porte les peuples à cette stupide soumission à la nécessité. La nécessité n'existe que dans nous-mêmes : c'est à nous de la faire cesser ; c'est de nous que dépend la direction de nos esprits comme celle de nos forces ; c'est nous qui avons fait la tyrannie et avec elle le tyran : le tyran est tombé, voulons-nous sérieusement détruire la tyrannie ? Si nous n'y procédons pas avec vigueur, avec sincérité, assurément la nécessité dont nous avons tant parlé, nous tient irrévocablement dans ses fers.

Les lettres proprement dites, ont obéi à cette funeste direction : direction qui au reste leur est imprimée depuis long-temps ; j'en excepte les vétérans de la littérature et les véritables talens qui ont mérité depuis douze ans la haine et la persécution de Bonaparte. Ceux-là se sont tus ; mais les autres ! mais les corps ! Combien ne tombent pas sur eux les reproches que je viens d'adresser à la littérature en général ? Combien le cardinal de Richelieu, par la création d'un corps pensionné de *dilettantis*, occupés seulement de construire des phrases et d'en encourager la construction, n'a-t-il pas fait, je ne dirai pas pour nos rois, mais bien pour le despotisme ! C'est de cette fondation que nous vient le genre académique ; genre de littérature batarde qui est et sera toujours le tombeau de l'éloquence, parmi nous. L'éloquence ne manquera jamais aux choses dans les pays où la jeunesse aura seulement été préparée par la lecture des anciens. Il y a plus de véritable éloquence dans une adresse des maires et échevins de Londres au roi, ou des municipaux de Boston ou de Philadelphie, à leur gouvernement, que dans tel discours académique qui jouit chez nous du privilège d'être mis comme modèle dans la main de nos enfans ; et cependant vous entendrez de nos académiciens dire qu'il n'y a aucune éloquence dans ces pays-là, et qu'il n'y a qu'en France qu'on sache faire le discours. Des discours comme les leurs, sans doute ! Mais disons de ce genre d'oraisons ce que disait un sénateur Romain en entendant les premiers sophistes qui vinrent d'Athènes à Rome, et qui éblouissaient les jeunes patriciens des tours de force de leur éloquence académique : « Souhaitons à nos ennemis ces talens-là. » En effet, voyons où ces talens nous ont menés depuis douze ans : ouvrons nos journaux ; voyons les productions dont ils les ont tapissés, et jugeons le mérite de nos discours d'apparat. La décadence des esprits vient de cet emploi de la parole à vide, de ces exercices auxquels se livrent des hommes adultes sur un thême donné ; de ces compositions dont la boursoufflure et des phrases d'autant plus ambitieuses qu'elles signifient moins, ou bien un papillotage continuel de traits d'esprits font toute la substance, et qui vous tiennent dans le pays des romans. Le modèle de cette fausse éloquence est sûrement le fameux panégyrique de Pline ; mais l'auteur nous dit en confidence, qu'il n'y avait pas moyen, de son temps, d'écrire l'histoire.

C'est en nourrissant, c'est en élevant la jeunesse à cette école, que l'on a si universellement disséminé cette facilité de parler pour ne rien dire ; que dis-je, pour dire le contraire et l'opposé de ses sentimens ; que nous avons vu régner depuis vingt ans, mais dont on a sur-tout abusé dans les douze dernières années. La postérité pourra dire de nous ce que Tertullien disait aux romains de son temps :
« C'est au milieu du panégyrique de vos em-
« pereurs, que vos familles puissantes ourdis-
« sent des conspirations pour les renverser. »
Qu'on ouvre en effet les Moniteurs depuis six mois ; qu'on en lise les adresses avec les noms des signataires ! Combien est préférable cette mâle et franche éloquence qui dit sur les bords

de la Tamise : « Sire, nous approchons hum-
« blement Votre Majesté, pour lui dire que
« nous désapprouvons les mesures qui lui sont
« conseillées. Elles nous paraissent tendre à
« rompre ce lien de concorde et de confiance
« qui est si nécessaire au repos et au bonheur
« de vos sujets, et à celui de votre auguste fa-
« mille. Nous la supplions d'éloigner d'elle des
« hommes qui lui donnent des avis aussi per-
« nicieux, et d'y appeler des personnes avec
« lesquelles la nation pourra croire qu'il arri-
« vera près d'elle d'autres principes et d'au-
« tres conseils. » Ni notre éloquence tribuni-
tienne, jusques et y compris l'an 8, ni notre
éloquence académico-politique depuis 1800
jusqu'en 1814, n'approchent sans doute de
cette noble sincérité. Si ce langage nous était
interdit, et il ne l'était pas à tout le monde,
il fallait se taire. Il n'y a que depuis notre révolution qu'on se croye obligé de faire des
phrases sur ce que l'on désapprouve au fond
de son cœur.

La religion, qu'on peut définir une philosophie épurée, munie de la sanction de la
Divinité, et qui, dans l'origine en a porté le
nom ; la religion elle-même a éprouvé les suites
fâcheuses de la corruption de notre philosophie
et de notre littérature ; ses ministres se sont

prostitués tout autant que les rhéteurs , et leur talent a également dégénéré : mais ce qui est plus fâcheux , ce qui n'y a pas peu contribué peut-être , c'est que cette partie si essentielle des gouvernemens a jusqu'ici , et comme d'un commun accord , entièrement disparu de nos établissemens politiques ; et l'on ne conçoit pas qu'on puisse l'y faire rentrer, tant nous sommes prévenus d'idées contraires à la participation de l'ordre ecclésiastique aux pouvoirs du gouvernement.

On a beaucoup écrit contre les usurpations du clergé et des pontifes. Toute l'Europe leur a fait la guerre et justement : il y avait danger véritable d'une monarchie universelle de ce côté là. Mais les princes qui ont si fort encouragé les écrits de ce genre, ne détruisaient cette tyrannie que pour s'en approprier les dépouilles. Rien de plus aisé, en général, que de spolier des pouvoirs publics; mais la même masse d'autorité, comme les physiciens le croient du mouvement, se conserve toujours. Le tout est de savoir à qui passe le pouvoir déplacé , et s'il n'y a pas danger dans l'exubérance où va se trouver l'autorité qui s'enrichit. Le contre-poids de l'ordre ecclésiastique détruit, les états auraient été livrés au despotisme absolu, si les constitutions politiques et la division du pouvoir chez elles ne se fussent perfectionnées.

En réintégrant les ministres du culte dans le partage du pouvoir, en les réunissant à l'aristocratie territoriale et nobiliaire, nous arriverons peut-être à rendre enfin à la France quelqu'opinion religieuse, et il faut dire qu'elles y sont toutes presqu'entièrement oblitérées; elles l'étaient déjà avant la révolution.

Quelle est la cause de ce phénomène déplorable ? La passion et l'esprit de parti peuvent en imaginer mille. Ils seront en cela tout aussi mauvais raisonneurs qu'aveugles conseillers. Pourquoi un corps aussi puissant, aussi respectable que le clergé s'est-il attiré la haine ou l'indifférence de la nation au point où elles existaient évidemment en France au commencement de nos troubles? On en accusera les opinions du siècle ; mais c'est un cercle vicieux, et il faut demander pourquoi ces opinions existaient ? Dira-t-on que l'autorité civile ne les a pas réprimées? Moi je pense qu'elle les a favorisées puissamment, ces opinions. Elle aimait mieux voir les sujets s'élancer dans les champs aériens de la folle métaphysique, de la mauvaise philosophie et de la politique spéculative du temps, que de les voir s'oc cuper de la lutte du ministère contre les parlemens, de manière à mettre le doigt sur le secret, qui était un dernier effort de la monarchie pour arriver à l'absolu. Et qu'aurait pu faire d'ailleurs le gouvernement? Il aurait donc fallu commencer une persécution pour soutenir une religion dont un des plus nobles caractères est d'être née, de s'être établie au milieu des persécutions ? Pour moi, je vois la dégradation de notre littérature, de notre philosophie et de la religion, dans les mêmes causes. Les peuples ne s'attachent qu'à ce qui les éclaire, les améliore et les protége. Tout ce qui concourt à la direction du gouvernement est jugé, mesuré, d'après l'utilité dont il est aux nations par son concours. Il n'y a point d'institution, telle sacrée qu'elle soit, qui tienne à l'indifférence des peuples; elles ne peuvent fleurir et se soutenir que par son attachement sincère. Mais cet attachement n'est désintéressé que dans les discours des rhéteurs. Si ce qui doit être pour la nation l'objet d'un véritable culte, mais d'un culte sincère, n'est employé qu'à son asservissement, elle se fait bientôt des idoles; il se fait une littérature, une philosophie, une religion de désespoir : c'est ce que l'histoire nous apprend encore. Il n'y a jamais eu de bonne philosophie sous de mauvais gouvernemens ; et, quoiqu'en disent les axiomes et les théories qu'on nous prêche dans les colléges, les chefs-d'œuvres de la littérature, en général, n'ont pu naître qu'au milieu d'une sage liberté, ou de ce que la nation regardait comme tel.

Conclusion.

Disons-le donc avec courage : ce n'est que dans la destruction radicale de la tyrannie dont nous venons d'examiner le mécanisme et de décrire les effets, que la nation française peut trouver le bonheur et le repos. Tous ces maux ne tiennent qu'à une source, à la vicieuse distribution des pouvoirs, ou plutôt à la cumulation nominale de tous les pouvoirs dans la main du chef du gouvernement, à leur partage effectif dans les mains d'une douzaine de visirs amovibles à sa volonté. Sans doute la reconstruction de l'ordre politique d'une manière propre à donner à la France les garanties qu'elle réclame, n'est pas l'affaire d'un moment. Mais espérons que cette reconstruction portera sur les bases fondamentales, sans lesquelles il n'y a point de liberté publique, par conséquent point de confiance entre une nation à qui ses malheurs en font plus que jamais sentir le besoin, et les princes dont elle attend avec impatience le retour: sur un concours effectif et constant à tous les actes législatifs du gouvernement, et à des époques aussi fréquentes que le besoin de nouvelles lois l'exigera, de la part des deux corps, aristocratique et populaire, qui doivent, avec le roi et d'après ses déclarations et les vœux du peuple, composer la souveraine autorité, et la libre discussion; une discussion illimitée des actes émanés, soit du pouvoir souverain, soit des autorités chargées de les exécuter. Je l'ai déjà remarqué, on voit avec peine que les deux corps constitués qui existent, et qui peuvent jouer provisoirement le rôle de ces deux grandes autorités, n'aient point été appelés sur-le-champ à exercer cette fonction, et qu'après avoir été employés à donner une forme à la révolution du 31 mars, ils soient depuis demeurés constamment étrangers aux actes législatifs qui sont émanés du gouvernement provisoire. Quelle que soit la cause de cette omission, espérons que nos désirs et nos besoins seront satisfaits. Avec quelle douleur n'a-t-on pas lu les décrets du gouvernement provisoire qui maintiennent les deux principaux instrumens du sultanisme, la censure des journaux, et tout l'atroce code de

l'imprimerie et de la librairie, par conséquent
la censure avec tous ses accessoires ! Personne
de nous n'a oublié qu'en l'an 8, sous les
mêmes formes provisoires et sous les mêmes
prétextes, on a suspendu toute discussion, et
par là, commencé l'éducation du monstre qui
a pensé dévorer ses maîtres : ses maîtres, qui
l'ont dû prévoir, qui ont été prévenus dès-lors
par des esprits clairvoyans, et qui, occupés
uniquement d'acquérir du pouvoir, aveuglés
sur les moyens de le conserver, ont écarté,
fait proscrire ceux qui leur prophétisaient les
dangers qu'ils ont depuis courus. Ce que
la nation doit craindre, ce qu'elle craint,
c'est de rester, par l'effet de l'habitude
qu'en ont pris ses autorités constituées, sous
la forme de gouvernement dont je viens
de parcourir tous les vices. Il ne manquera pas d'inspirations pour que les choses
s'acheminent à cette marche. On dira que cette
nation est trop corrompue pour des institutions
de ce genre ; et en effet, si on la juge par les
gouvernans, par la multitude innombrable de
personnes salariées qui ont été les instrumens
de son oppression, et qui ont eu la parole
pour elle, elle doit le paraître. Si les auteurs
de sa servitude se rappellent du régime auquel ils l'ont tenue depuis douze ans, ils doi-

vent croire que chez elle toute dignité, toute
raison sont oblitérées. Ils le pensent en effet ;
et rien n'égale le mépris qu'ils en témoignent ;
il est impossible à l'homme d'estimer ce qu'il
a avili. En conséquence, vous verrez ceux qui
ont le plus travaillé à nous dégrader par tous
les genres d'excès, ou à nous égarer par les
plus folles visions, se donner le plus de liberté
sur notre inaptitude à jouir des bienfaits d'un
gouvernement tempéré. J'ai entendu un
homme qui s'était souillé par toutes sortes
d'exagérations durant nos troubles, défendre
les mesures atroces du gouvernement de Bonaparte, en disant « : Que voulez-vous faire
« avec une nation de brigands comme celle-ci? »
Un instant après, ces mêmes hommes nous
appelaient la grande nation dans une adresse
à l'empereur. Qu'on ne croie pas que la
France puisse être jugée sur d'aussi légères
imputations.

Parmi la noblesse ancienne, parmi les grands
fonctionnaires des temps nouveaux, il se trouvera de quoi composer ou compléter un patri-
ciat héréditaire fortement constitué ; parmi les
propriétaires et dans les villes, il y a l'étoffe
d'une délégation de communes éclairées. Avec
ces deux corps on parviendra à former le véritable conseil des princes, une assemblée enfin

vraiment nationale, et étrangère à cette corruption. On a dit que cette nation ne pouvait délibérer. Où le sait-on hors de l'Angleterre? Toutes les nations européennes en ont perdu l'habitude. Elles délibèrent, quand délibération il y a, à la manière dont les Turcs se battent, dans le plus grand désordre. Mais si l'on a bien pris la peine de copier, pour perfectionner l'art de la destruction, ce qu'on a reconnu chez ses voisins être le plus analogue au but d'une armée, pourquoi n'apprendrions-nous pas de l'Angleterre à délibérer ? Les formes, les lois de cet art, ne sont pas un mystère ; elles sont imprimées. Les anciens en avaient aussi des règles. Il le fallait bien, puisqu'on délibérait dans leurs sénats. Aurions-nous comme les Turcs, une aversion insurmontable pour les innovations salutaires? Aimerons-nous mieux périr, que de trouver des moyens de traiter les questions avec ordre dans nos assemblées et d'y éviter les confusions (1)?

Que nos princes se défient de l'atmosphère

____

(1) J'ai remis à M. le comte Marbois, qui en fera sûrement un bon usage, un petit manuel des délibérations parlementaires. Quand un français lit ces règles, il entre dans un nouveau monde.

corrompue qui va les environner aux Tuileries. Il faut qu'ils y fassent entrer beaucoup d'air nouveau s'ils ne veulent pas être atteints de la contagion qui circule jusque dans les cartons et les recoins du palais. Les mots de monarchie et de liberté n'y conservent plus depuis long-temps leur acception. Déjà je vois les correspondans de Bonaparte, tous ces participans salariés au grand œuvre *du bonheur du monde* et de la France, pour lequel il demandait encore trente ans, s'arranger pour offrir le secours de leurs inspirations-contenues dans des mémoires, bien entendu confidentiels; car ce qu'ils redoutent, c'est d'être connus; ce qu'ils souhaitent, c'est de pouvoir demeurer spectateurs de la bagarre et des difficultés, s'ils en occasionnent de nouvelles par leurs indignes conseils. Déjà les auteurs mâles et femelles qui figurent sur les états de Napoléon ou du ministère de la police, parmi les travailleurs de l'esprit public, offrent leurs services dans le même genre. Ils proposeront le maintien d'une opinion publique officielle qui dispense la capitale et les provinces d'en émettre une. Il ne manquera pas de gens qui prêcheront la nécessité d'une administration ténébreuse, qui mette le prince et le peuple à la discrétion de ses mi-

nistres , qui pourront , suivant l'évènement ,
s'attribuer le succès, ou esquiver l'odieux des
mesures qu'ils auront proposées. A Dieu ne
plaise que je fasse aux membres du gouvernement provisoire et aux ministres l'injure de
les croire capables de ces funestes inspirations!
Leurs déclarations connues, publiques, en
faveur d'une forme de gouvernement, je ne
dirai pas libéral, (depuis que ce mot a servi
à caractériser les bienfaits du gouvernement
de Napoléon, il fait horreur) mais tempéré;
ces déclarations, dis-je, me rassurent, quoique la France soit bien payée pour ne plus
croire qu'aux faits, jusqu'à ce que la langue
ait repris l'habitude de la sincérité. Mais ce
que je crains , ce sont ces colporteurs d'avis
officieux qui voudront étouffer la liberté de
la presse , en rappelant les abus qu'elle a
enfantés , prétendant ainsi guérir un malade
qui périt d'inanition , en lui rappelant les dangers que lui a fait courir un excès commis il
y a vingt ans. C'est en faisant subitement jouer
au début du gouvernement de Napoléon les
mêmes ressorts qu'ils étouffèrent toute discussion sur les mesures les plus ouvertement
aggressives , dirigées contre les libertés de la
France et de l'Europe. Puissent nos princes
repousser à jamais des conseils qui voudraient

les mettre au centre d'un gouvernement mys-
térieux, dont j'ai montré les tristes résultats
pour le prince. Quels résultats plus affreux
que ceux que nous offre l'exemple tout récent
de l'Espagne ? L'infortuné Charles IV a vu sa
capitale envahie, ses places occupées de vive
force, au moment qu'un ministre vendu l'as-
surait de la plus parfaite et sincère amitié de
Napoléon. Il a fallu pour le tirer de sa confiance, (que dis-je ? il n'en a pas même été tiré
par là) que son peuple justement révolté,
vint, en lui demandant la tête de son ministre,
lui apprendre l'étendue de sa trahison. Jusque-là, la perfection du gouvernement mys-
térieux avait été portée au point, que le ministre qui vendait le trône des Espagnes à
Napoléon pour le royaume des Algarves, faisait jeter en prison quiconque osait faire parvenir au roi un mémoire. C'est sous l'empire
d'un pareil gouvernement qu'on a caché à la
nation une grande partie des turpitudes et des
actes de l'administration de Bonaparte, qu'il
nous faudra aller chercher dans les livres
étrangers, où sa tyrannie n'a pu en empêcher
la publication. Les réglemens sur la librairie
qui sont maintenus , nous ferment encore
l'accès de ces livres. Resterons-nous décidé-
ment pour jamais au régime de la politique

et de la littérature officielles ? J'entends déjà
des personnes connues par leurs excès en
révolution et en adulation, témoigner la plus
grande sollicitude pour les agitations que, selon elles, doivent produire ces formes nouvelles : on les avoue au moins nouvelles, et l'on ne
prétend plus que nous eussions la plus belle
constitution de l'Europe ! Ce langage, lorsqu'il
arrivera à l'oreille des princes, sera enveloppé
d'un grand étalage de fidélité. Mais la fidélité
d'une foule de gens, n'a consisté jusqu'ici qu'à
flatter les passions de leur ancien maître.
Si c'est en cela que consiste la fidélité, jamais souverains n'ont été mieux servis que
ceux qui ont gouverné la France pendant
vingt-cinq ans, depuis le peuple souverain de
1793, jusqu'à Napoléon. Qu'il ne soit plus
question de grands pouvoirs sans contrôle et
sans responsabilité, et sur-tout, qu'on ne
mette plus en avant, pour nous tranquilliser,
la pureté des intentions. Sur ce point, il n'y a
rien de plus sensé que ce que disait un plé-
nipotentiaire hollandais aux ministres de
Louis XIV, aux conférences de Gertruydem-
berg. Les ministres du roi mettaient en avant
ses intentions. « Messieurs, reprit le ministre,
« nous ne savons pas bien ce que veut le roi ;
« mais nous voyons bien ce qu'il peut, et

« c'est de cela qu'il s'agit ». Le propre des gouvernemens arbitraires, et ils le sont tous, dès qu'ils ne sont pas balancés en eux-mêmes et par l'opinion, c'est de produire des maux auxquels il n'y a de remède que dans les brigues de cour, les ligues entre les grands, les accommodemens clandestins, et enfin lorsqu'ils arrivent à l'excès, dans les conjurations et la révolte.

Nous voici encore une fois, comme Hercule à l'entrée de la carrière, devant deux chemins, entre lesquels il est difficile de choisir, à cause des forces diverses qui nous sollicitent et nous font hésiter. Prenons le temps nécessaire pour réfléchir. Pensons à l'importance des premiers pas. La nation jusqu'ici leurrée par des espérances trompeuses, attend en silence les faits pour se déterminer. Nous avons à choisir entre le soutien décidé des peuples et l'appui d'une masse de stipendiaires de tous les ordres, qui peuvent bien dominer la nation, mais non pas l'entraîner. Le lien qui doit attacher cette nation à ses rois, ne peut être que le résultat d'une organisation qui la mette à l'abri des effets d'une tyrannie qui subsiste encore dans les lois, et qui peut très-bien continuer sous les meilleurs princes, et malgré eux.

Ce moment sera décisif. Qu'on y prenne garde : avec un gouvernement comme celui d'où nous sortons, les princes sont retranchés dans l'enceinte des palais, entourés d'une oligarchie aventurière ou intrigante; les peuples n'ont plus que l'acclamation pour applaudir; et, pour corriger, que la voie de la révolte, ou, ce qui est pire, et ce qui nous est arrivé, celle du désespoir, qui appelle la conquête. Le gouvernement est dans les mains de cotteries plus ou moins puissantes à la cour, mais dénuées d'appui national. Il se forme d'habiles conspirateurs, des politiques des temps les plus rafinés de l'école de Florence ou de Madrid; et l'on perd cette noble, franche, publique opposition dont les derniers temps de l'ancienne monarchie ont encore offert beaucoup de traces. Tel est à-peu-près notre état. Nous savons feindre le rhumatisme, la podagre, l'indifférence, la préoccupation, pour éviter de nous prononcer contre un conseil pernicieux, pour laisser faire, et nous apprêter à recueillir les fruits des fautes ou des crimes. L'art de la dissimulation est arrivé chez nous au *nec plus ultrà*. Dans bien d'autres parties de l'Europe le mal était à-peu-près au même point, et c'est peut-être ce qui faisait dire à Napoléon que l'Europe était pourrie.

Cet état de choses ouvre une carrière immense à la force ou à l'adresse, et il y a plus
de prétendans qu'on ne croit à la succession
de Bonaparte. Sous une forme de gouvernement comme le gouvernement impérial, on
est, selon le caractère du prince, entre le visirat et la mairie du palais. Vainement croyons-
nous que nos lumières dont nous sommes si
fiers, nous mettent à l'abri de ces affreux résultats. Tout l'esprit du monde ne remplace
pas de sages et solides établissemens : Rome
avait bien plus de lumières sous Tibère que
sous le vieux Caton. César et Néron étaient
de beaux esprits ; et Bonaparte, qui a été
membre de l'Institut, qui compte force académiciens parmi ses complices, a été le produit d'un siècle qui s'est targué d'en avoir su
plus long que tous ceux qui l'ont précédé. Sans
un changement radical dans notre gouvernement, un abandon entier de ses formes et de
son esprit, nous n'avons aucun repos à espérer.
Ce moment déterminera donc si nous sommes
irrévocablement réduits à l'état de Rome sous
les empereurs, ou si nous sommes encore
capables de redevenir le royaume de France ;
si nous sortirons avec honneur de nos efforts
jusqu'ici vains, pour nous constituer, ou si nous
devons craindre le sort d'une nation qui, s'é-

tant jetée presqu'en même temps que nous dans la carrière de la réforme, n'a trouvé le repos que dans son entière destruction.

Paris, 12 avril 1814.

FIN.

TABLE DES MATIÈRES

CONTENUES DANS CET OUVRAGE.

FIN DE LA TABLE.

www.ingramcontent.com/pod-product-compliance
Lightning Source LLC
Chambersburg PA
CBHW051234050726
47594CB00001B/165